빼앗긴 문화재를 말하다

빼앗긴 문화재를 말하다

혜문慧門

개정판 서문 : 개정판 발간에 즈음하여

2011년 12월『조선왕실의궤』는 에도성江戶城의 높은 장벽을 허물어 뜨리고 우리의 곁으로 돌아왔습니다. 일본 최고의 정치적 상징이라는 궁내청 이른바 천황궁을 상대로 7천만 겨레가 단결하여 이룩한 '민족사의 쾌거'였습니다. 조선왕실의궤 환수운동의 성공은 사회 각층에 문화재 환수란 불가능한 일이 아니란 것을 재인식시켰고, 환수운동에 대한 국민적 열망을 고조시켰습니다.

『빼앗긴 문화재를 말하다』는『조선왕실의궤』성공의 감격을 담아써 내려간 '문화재제자리찾기'의 좌표설정이었습니다.『조선왕실의궤』반환 성공 이후에 우리는 이제 무엇을 되찾아야 하는가에 대한 국민적 관심이 저로 하여금 이 책을 집필하게 했습니다.

초판본을 발행한 지 3년, 그간의 세월 동안 문화재제자리찾기도 많은 변화가 있었습니다. 이 책을 통해 문제제기했던 '문정왕후 어보 반환운동'이 성공했고, 그 연장선상에서 '대한제국 국새 반환운동 — 응답하라 오바마' 역시 성공했습니다.

일제강점기 도굴왕 오구라가 약탈해간 '오구라 컬렉션 반환운동'도 진전이 있었습니다. 조선 대원수 투구가 일반에 공개되었고, 도쿄지방재판소에 오구라 컬렉션 반환을 위한 행정소송이 진행되기도 했습니다.

3년간의 변화를 겪으면서 부끄러운 일이지만, 이 책은 문화재 환수에 관한 입문서로써 조선왕실 어보 반환운동의 기폭제 같은 역할을 해왔다는 과분한 평가를 받기도 했습니다. 나아가 일본 동포분들이 '문화재 환수운동'의 보편화를 위해 이 책을 일본에 보급했으면 좋겠다는 의견을 개진, 2014년 8월 일본어로 번역되어 '카케쇼보影書房' 출판사에서 출간하는 성과가 있기도 했습니다. 이처럼 많은 분들의 성원으로 『빼앗긴 문화재를 말하다』는 단순히 한 권의 서적에 머물지 않고, 문화재 환수를 위한 실질적 행동의 교본이 되는 영광을 누릴 수 있었습니다.

이에 그동안의 변화를 정리하고 보내주신 열정적인 성원에 보답하고자 부족한 내용을 보충함과 동시에 컬러로 사진들을 보정해서 개정판을 출간하게 되었습니다. 알기만 하고 행동하지 않으면 모르는 것과 같다고 합니다. 이 개정판의 발간이 문화재 환수운동의 또 다른 지평을 열게 되기를 기대하면서, 여러분들이 전해주신 사랑과 묵묵한 미소 앞에 그동안 이 책이 누려왔던 모든 영광을 바칩니다.

특별히 지난 십여 년 동안 언제나 옆에서 늘 조언해 주시고 후원해 주신 봉선사 준원 스님과 명고 스님, 말썽을 일으킬 때마다 묵묵히 방패막이가 되어 주셨던 자재암 주지 혜만, 회암사 주지 혜성 두 사형께도 감사의 말씀을 드립니다. 더불어 개정판 발간을 위해 애써주신 금강초롱 출판사 구진영 사장님, 편집에 애써주신 성영란 님에게도 고마운 뜻을 표합니다.

2015년 2월 15일 일본 교토에서
혜문 합장

초판 서문

1

우리는 왜 빼앗긴 문화재를 되찾아야 하는가?

이것은 지난 5년간 빼앗긴 문화재 반환 운동을 추진하면서 수없이 던졌던 질문입니다. 『조선왕조실록』과 『조선왕실의궤』는 되찾았지만, 아직도 되찾아야 할 문화재가 많기에 이 질문은 앞으로도 계속될 것입니다. '문화재 제자리 찾기' 운동을 하던, 짧지 않았던 기간 동안 그 해답을 찾기 위해 연구하고 실천했던 흔적을 3개의 장에 담았습니다.

1부 '망각의 역사'는 일본이 조선을 강점하면서 일어난 사건들에 대한 이야기입니다. 여기서 우리는 명성황후를 절명시킨 칼이 아직까지 신사에 기념물처럼 보관되었다는 사실, 일제 경찰이 만든 '조선 여성의 생식기 표본'이 최근까지도 국과수에 보관되어 있었다는 충격적 사실들과 조우遭遇하게 됩니다.

2부 '환국의 그림자'는 우리가 되찾은 문화재에 대한 이야기입니다. 문화재 환수가 중요하다고들 말하지만, 정작 환수된 문화재를 우리는 어떻게 바라보고 활용했는가를 살펴보았습니다. 1965년 한일협정 당시 짚신과 막도장을 돌려받고 '문화재 청구권'을 포기한 사실, 미군 병사가 훔쳐 간 문화재를 되돌려 받았지만 60년 동안 그 행방을 모르고 있었던 무능한 정부, 『조선왕조실록』 환수 과정에서 드러난 서울대의 태도 등은 문화재 환수의 실제가 얼마나 멀고 험한 길인가를 여실히 보여 주었습니다.

　3부 '빼앗긴 문화재의 꿈'은 앞으로 되찾아야 할 문화재에 대한 이야기입니다. 이 문화재들은 문화재적 가치뿐만 아니라 질곡의 역사를 증언할 '역사성'이 담긴 유물들 중에서 엄선된 것으로, '불법적 유통 구조'를 직접 조사하고 현장 확인을 통해 문제를 제기한 결과들입니다. 여기에 제시된 목록들은 앞으로 우선적으로 환수되어야 할 나침반羅針盤이자, 한 시대의 정신이 실린 '신물神物(어떤 물건에 시대정신과 역사 혼이 담겨 그 민족을 상징하고 역사 그 자체로 자리매김된 것)'이라고 해도 과언이 아닙니다.

2

　'문화재 제자리 찾기'는 단순히 빼앗긴 문화재를 제자리에 돌려놓는 것만은 아닙니다. 우리 조상이 후손들에게 물려준 정신을 찾는 과정이자, 우리 스스로가 주인임을 깨달아 가는 과정입니다. 그런 취지에서 지난 100년 전의 슬픈 역사를 딛고 주인으로 우뚝 서는 운동으로서 '문화재 제자리 찾기'가 자리매김하기를, 분단을 넘어 '민족의 제자리 찾기'로 발전하기를 희망합니다. 그리고 비록 지금 당장은 아니더라도 빼앗긴 문화재들이 언젠가 우리 민족의 품으로 되돌아올 것을 믿습니다.

　그동안 수많은 역경을 넘어 고락을 함께해 왔던 많은 분들에게 감사의 말씀을 전하고 싶습니다. 특히 옆에서 지켜보며 경책과 지원을 아끼지 않아 주셨던 봉선사 조실 월운 스님과 회주 밀운 스님께 늘 감사드립니다. 또한 항상 본의 아니게 비판의 말을 전할 수밖에 없었던 문화재청 국외 문화재 환수팀에게도 미안한 뜻을 전하며, 아울러 이 기회를 빌려 어려운 여건 속에서도 문화재 환수를 위해 애쓰는 노력을 칭찬해 드리고 싶습니다.

　아무쪼록 조금은 '불편한 진실'을 담은 이 책이 '우리는 왜 빼앗긴 문화재를 되찾아야 하는가?'에 대한 해답을 찾아보는 계기가 되기를 기원해 봅니다.

2012년 2월 운악산 봉선사에서
혜문 합장

　개정판을 발간하면서 초판의 목차가 변경되었기에 초판의 서문 내용과 현재의 목차가 상이함을 알려드립니다.

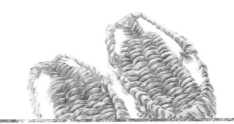

2_ 함께 싸운 승리의 기록

3_ 빼앗긴 문화재를 찾아서

4_ 남은 과제들 ─ 제자리 찾기

1 틀어져 버린 길

2010년 8월. 광화문이 새롭게 조성된 뒤, 그 길을 걸어 보았다. 조선이 멸망한 뒤 제자리를 잃고 떠돌았던 광화문이 경술국치 100년을 맞아 새롭게 단장한 역사적 순간이었기 때문이다. 그러나 감개무량함도 잠시. 광화문 앞에서 길게 뻗은 세종로와 광화문 광장을 바라보던 나는 그만 충격에 휩싸이고 말았다.

"어, 길이 비뚤어졌네?"

광화문과 세종로는 어긋나 있었다. 광화문을 경복궁의 축에 맞춰 복원하다 보니 조선총독부 축에 맞춰 건설한 세종로와는 어긋나 버린 것이었다.

궁금하기도 하고 의아한 생각이 들어 자료를 조사해 보니 원래 광화문 앞길은 경복궁과 살짝 뒤틀어져 있었다고 한다. 조선시대에 도시 계획을 할 당시부터 관악산의 화기火氣를 막기 위해 경복궁의 주작대로(광화문~숭례문)는 광화문 앞길 130미터 구간만 경복궁과 같은 축선으로 배치하고 그다음부터 종로 입구까지는 도로의 중심이 동쪽으로 최대 39미터가량 틀어진 구조로 조성했기 때문이다. 이런 사실은 1912년 조선총독부가 제작한 육조거리 도면인 〈경성부 지적원도〉

중국 천안문 광장의 전경(왼쪽)**과 광화문 광장의 전경**(오른쪽)
자금성과 일직선으로 연결된 천안문 광장에 비해 경복궁과 광화문 광장, 세종로는 약간 틀어져 있다.
(사진 출처 : 『조선일보』)

를 통해서도 확인할 수 있다고 한다.(「광화문 앞 큰길이 경복궁 배치축과 틀어져 있는 이유는?」, 『조선일보』, 2010.9.2.)

그러나 조선시대 경복궁의 축과 주작대로(지금의 세종로)가 지금처럼 완전히 틀어져 있지는 않았으리라고 생각한다. 기사에서 인용하고 있듯이 최소한 광화문 앞 130미터는 직선으로 뻗어 있었다는 대목이 이를 짐작케 한다. 광화문은 이렇게 조선총독부의 축과 조선 왕궁의 축이 교차하는 자리에 서서 왜곡된 우리 근현대사의 얼굴을 그대로 반증하고 있었다.

경복궁에 위치한 국립고궁박물관도 마찬가지이다. 이곳은 조선시대에 마구간으로 쓰던 자리였는데 조선총독부 시절과 해방 이후 중앙청 시절에는 후생 복지관으로 사용했다고 한다. 현재의 국립고궁박물관은 조선총독부 건물을 철거한 후 국립중앙박물관으로 사용하기 위해 증개축되어 1995년에 완공되었다. 그런데 문제는 국립고궁박물관의 건립 당시 경복궁의 축에 맞춰 세우지 않고 어리석게도 곧 철거될 조선총독부의 가로축에 맞춰 지었다는 것이다. 조선총독부 건물이 철거되고 광화문과 흥례문 등 경복궁의 원형을 복원하고 나니 그만 묘하게 뒤틀어진 모습이 드러나고 말았다.

국립고궁박물관이 경복궁의 축과 틀어져 있다는 것은 상당히 심각한 문제이다. 국립고궁박물관은 이름에서 시사하는 바와 같이 '조선 왕궁의 유물'을 전시하기 위한 부속 건물인데 경복궁의 축이 아니라 조선총독부의 축에 따라 건립되었다면 이름이 무색할 따름이었다. 이는 당시 행정 당국이 얼마나 안이하고 나태하게 조선총독부 철거와 국립고궁박물관 건립에 임했는지를 단적으로 보여 주는 예로, 한 시대의 수치이자 민족의 망신이라고밖에 말할 수 없다.

국립고궁박물관의 항공사진
광화문 복원 이전에 찍은 모습이다.
원 안이 국립고궁박물관.

2011년 12월 나는 단호하게 문화재청에 '국립고궁박물관의 철거'를 요청했다. 이에 문화재청은 "경복궁 축과 틀어진 이유를 정확히 알 수는 없으나 구 중앙청과 후생 복지관으로 사용했던 일반 건축물로서 경복궁의 축을 고려하여 건립되지는 않은 것으로 판단됩니다."라며 답신을 보내왔다. 문화재청도 문제점을 인정한 것이다. 또한 향후 문화재청에서는 경복궁 원형 복원 계획에 따라 장기적으로 철거 등을 검토하고 있음을 밝혔다.

2   청와대에도 일제의 잔재가

식민통치 36년 동안 일본은 우리에게 무엇을 남겼는가? 나는 광화문 앞에서 심각하게 고민해봤다.

우리나라의 근대화 과정에서, 일본의 영향을 완전히 배제하는 것은 무리일지도 모르겠다. 누군가의 말처럼 '일본의 식민통치' 조차도 역사이기 때문에 철거하거나 청산해서는 안 되는 것인지도 모를 일이다. 하지만 일본의 강압적 식민통치로 인하여 우리가 잃어버린 정신만은 바로잡아야 하는 것 아니었을까?

내가 '문화재 제자리 찾기'를 통해 말하고 싶었던 바는 그런 것들이었다. 망국의 시간 동안 집을 잃고 유랑한 것은 나라 잃은 백성뿐만이 아니었다. 5천 년 동안 이 땅에 자리 잡고 이룩한 '민족혼과 문화재' 역시 일본의 침략으로 뿔뿔이 흩어져 다른 나라로 팔려 가거나 유실되어 버리고 말았다. 또한 일본이 우리에게 교묘하게 남겨 놓은 유린의 상처들은 아직도 곳곳에서 '조선 혼'을 갉아먹고 있다. 그냥 대수롭지 않게 지나치면 그만일지 모르지만 그것들은 중요한 장소마다 나타나 무엇인가 '순정한 민족정신'을 어지럽히고 있다. 이를테면 비틀어진 광화문이나 이순신 장군을 모신 현충사에 심겨진 일본 특산종 금송 같은 것들이다.

이것들을 바로잡는 것 또한 빼앗긴 문화재를 되찾는 일 못지않게 중요한 일이기에 일제의 숨은 흔적을 찾던 중 우리나라 최고 권력의 상징인 '청와대'마저도 일본식 조경에 오염되었다는 사실을 알게 되었다.

현재 청와대가 있는 자리는 원래 조선시대 경복궁의 일부였다. 그런 청와대에 왜 일본식 조경이 자리잡게 되었을까? 이는 청와대가 어떻게 대통령의 관저로 쓰이게 되었는지 그 역사를 살펴보면 해답의 실마리를 찾을 수 있다.

조선조에 들어와 태조 4년(1395) 정궁인 경복궁이 창건되면서 이곳을 궁궐의 후원으로 사용하였습니다. 고종 5년(1868) 경복궁이 중건되면서 신무문 밖(현 청와대 지역)에 중일각, 오운각, 융문당, 융무당, 경무대, 춘안당 등의 건물이 지어졌고 과거장이나 관농장, 연무장으로 사용하였습니다. 일제가 1910년부터 경복궁을 조선총독부 청사부지로 사용하기 시작하면서 이곳에 있던 융문당, 융무당을 철거하여 공원화하였고, 조선총독의 관사부지로 구본관 자리를 선정하여 1939년에 면적 약 1,937㎡의 건물을 완성하였으며, 해방 후 1945년 미 군정이 시작되면서 약 2년 3개월 동안 군정 장관(하지장관)의 관저로 사용되었습니다. 1948년 대한민국 정부가 수립되면서 이승만 대통령은 과거 이곳에 있던 경무대의 이름을 따서 '경무대'로 명명하여 집무실 겸 관사로 사용하였습니다. 1960년

4·19 혁명 후 윤보선 대통령이 취임하면서 경무대에 대한 국민의 인상이 좋지 않다 하여 '청와대'로 개칭하였고, 그 후 박정희, 최규하, 전두환 전 대통령이 사용하였으며, 6공화국에 들어와서도 계속 사용하여 왔습니다. 우리 민족이 일제로부터 독립한 지도 반세기가 지났으며 그 동안 올림픽을 성공적으로 치러내는 등 세계 각국에 대한민국이 널리 알려지고, 세계 10대 무역국가로 발돋움하면서 경제적 지위 또한 높아짐에 따라 6공화국 정부는 청와대 본관을 비롯한 주요 시설들의 신축·건립에 착수했습니다.

— 청와대 홈페이지에서

일제의 국권 침탈 후 조선총독부는 경복궁 안에 청사廳舍를 신축하면서 1927년 오운각五雲閣 외의 모든 건물과 시설을 철거하고 총독 관저를 이곳에 지었다. 따라서 역사적 경위를 고려할 때, 청와대가 일본식 조경에 오염될 개연성은 충분하고, 실제로도 이미 학계와 문화재청에 의해 '일본식 조경' 문제가 지적된 상황이었다.

청와대의 일부 조경은 아직도 왜식 조경으로 남아 있습니다. 원래 청와대 지역은 경복궁의 후원이며 옛 궁담이 남아 있고, 대통령 내외가 주무시는 집 후원에는 천하제일복지天下第一福地의 각자와 오운정五雲亭 등의 정자가 원형대로 남아 있어 사적지의 성격을 지닌 지역입니다. 청와대에서 우리나라 전통 조경 전문가들을 불러서 자문받아 일제시대 조선총독이 조성했던 그 조경을 수경修景했으면 좋겠습니다.

— 정재훈(한국전통문화학교 전통조경학과 석좌 교수),

「사적지 조경의 현황과 과제」 중에서

일제강점기 조선 신궁의 모습
정문인 도리 양 옆으로 석등이 보인다.

　구체적인 정황을 수집하기 위해 청와대를 방문한 길에 그만 넋을 잃을 정도의 충격에 휩싸였다. 청와대의 대문이 일본 야스쿠니 신사의 대문과 너무도 닮아 있었던 것이다. 일본 신사는 일반적으로 '도리'라고 불리는 정문을 세우고 그 옆에 '등롱燈籠'이라고 불리는 석등을 배치하는데, 놀랍게도 청와대 대문에 이런 양식이 나타나 있었다.

　청와대에 석등이 있는 것은 좀 뜻밖의 일이었다. 석등은 조명을 위한 도구가 아니라 사자死者의 영혼을 위로하거나 부처님께 공양을 하기 위한 법구法具이다. 우리나라의 석등은 사찰이나 능묘에서만 나타날 뿐, 일반적인 주거지나 궁궐에서는 전혀 찾아볼 수 없다. 또한 석등을 사찰에 세울 때에도 전통 양식에서는 단 1기만 세울 뿐 쌍등이나 다수의 등을 일렬로 배치하지 않는다. 이런 모습을 보이는 것은 일본 신사 혹은 일본의 영향으로 만들어진 건축물일 경우에만 한정된다.

　일본식 석등이 청와대에 존재한다는 사실이 믿어지지 않아 문화재청에 관련 사실을 질의했다. 마침 창덕궁 앞에도 이와 비슷한 구조물이 설치되어 있는 것을 발견하고 우회적으로 창덕궁 석등은 전통 양식이 아니므로 철거하라는 내용의 공문을 문화재청에 발송했다. 만약

일본 야스쿠니 신사 석등(위)**과 청와대 대문의 석등**(아래)
청와대 대문 양 옆에 세워진 것(원 안)이 일본식 석등의 모습과 비슷하다.

│ **창덕궁의 석등**(왼쪽)과 **일본 야스쿠니 신사의 석등**(오른쪽) 석등의 모습이 비슷하다. │

문화재청이 창덕궁 앞의 석등을 철거한다면, 이는 명백한 오류임이 분명하니 청와대의 일본식 석등도 마땅히 철거 대상이기 때문이었다.

결과는 명료했다. 창덕궁 관리 사무소는 이의 신청을 받은 뒤, 곧장 철거하겠다는 답변을 보내 왔다.(이 석등은 2012년 2월 13일 철거되었다.)

> 문의하신 석등은 전문가 자문 결과 '전통 방식은 아니다.'라는 결론을 얻었습니다. 1970년대 궁궐 주변 정비를 위해 설치한 펜스의 일부로, 임의로 설치한 것으로 추정됩니다. 이 석조물은 철거하는 것이 바람직하다는 자문위원의 의견이 있어 다음 주 중으로 조속히 철거 조치하도록 하겠습니다.
>
> — 2012년 2월 7일 문화재청의 답변 중에서

일본 신사에서나 볼 수 있는 석등을 청와대에 설치한 것에 대하여 좀 더 결정적인 증거를 수집하기 위해 고심하던 중 혹시 청와대 석등이 조선총독부의 잔재가 아닐까 하는 의심을 품고 조선총독부의 사진을 조사해 보았다. 예상대로 과연 남산에 있었던 조선총독부 사진 중 놀랄 만큼 유사한 것을 찾아 낼 수 있었다.

3 깨어나라, 조선 혼이여!

그렇다면 누가 도대체 무슨 이유로 일본식 석등을 청와대에 설치한 것일까? 석연치 않은 대답일지 모르지만, 나는 누구 한 사람의 잘못이 아니라 일본식 풍습에 찌들어 있던 우리 모두의 잘못이라고 생각한다. 일본이 남기고 간 문제를 직면直面하지 못하고 놓치고 있었던 것들이 결국 청와대에 일본 석등을 설치하는 오류를 발생시키고 만 것이다. 게다가 국가 최고 권력의 상징에 대해 잘못되었다는 지적을 용기 있게 할 수 없었던 지난 세월의 잘못도 크지 않았을까?

'문화재 제자리 찾기'라는 말에 대해 사람들은 '문화재'라는 말에

남산의 조선총독부(구 조선통감부) 대문(왼쪽)과 **청와대 대문**(오른쪽)
돌기둥 위에 위치한 석등의 모습이 비슷하다. .

비중을 두어 이해하지만, 나는 '제자리 찾기'라는 말이 주목받기를 희망한다. 왜곡되고 굴절된 사실을 직시直視하고 바로잡는 것, 그것이 내가 말하는 '제자리 찾기'의 본질이다.

망국과 해방으로 뒤엉킨 우리의 과거를 되돌아보면 무엇이 어떻게 잘못되었는지 생각하기가 싫어질 때가 있다. 마치 복잡하게 얽힌 실타래처럼 어디서부터 풀어야 할지 도무지 갈피를 잡지 못할 지경이다. 이러한 상황에서 불교가 한 줄기 실마리를 제공했으면 하는 바람을 갖고 있다.

많은 사람들이 왜 승려가 '문화재 제자리 찾기' 운동에 그토록 열심이냐고 묻곤 한다. 내가 이해하고 있는 불교는 없는 것을 찾는 것이 아니라 '잃어버린 것을 찾는 것'이다. 불교적으로 말한다면 무엇을 잃어버렸는지도 모르고 살아가는 것이 미혹迷惑한 중생의 삶이라면, 잃어버린 진실을 찾아가는 것이 수행자이고 구도자의 삶이다. 이를 『금강경』에 등장하는 단어로 말한다면 '환지본처還至本處 ― 제자리 찾기'라고 할 수 있다. '제자리'란 마땅히 있어야 할 곳이고, 어떤 존재가 나아가야 할 완전무결完全無缺한 자리이기도 하다. 그래서 나는 문화재 환수운동을 '문화재 제자리 찾기'라고 말한다. '문화재 제자리 찾기'는 잃어버린 것을 제자리로 되돌리는 활동이고, 그것은 결국 '참마음의 제자리 찾기', '양심의 제자리 찾기'로 이어질 것이라고 믿는다. 격동의 근현대사에서 벌어진 역사적 질곡에 의해, 인간의 탐욕에 의해 제자리를 떠난 것들을 제자리로 찾아오는 활동은 '불교 사상의 사회화'이고, 또 하나의 수행 과정이 될 수 있지는 않을까?

나는 진실과 정의보다 강한 힘은 없다는 말을 믿고 있으며, 진실에 입각해서 인간의 이기심으로 부당하게 왜곡된 사실들을 바로잡는 것이 불교의 큰 뜻이라고 생각한다.

　비틀어진 광화문, 일본식 조경으로 오염된 청와대를 보며 아직도 제자리를 찾지 못하는 민족 문제를 생각한다. 그리고 부처님께 '민족의 제자리 찾기'를 위한 간절한 소망을 기원한다.

　"조선 혼이여, 이제 깨어나소서!"

청와대 석등에 '보름달' 얹는 까닭

혜문스님 "야스쿠니 양식" 철거 소송
청와대, 경호·예산 문제 고민하다
철거 대신 둥근 돌 올려 절충점 찾아

일본식 석등이라는 비판을 받아온 청와대 안 석등이 전통적인 보름달 모양의 석등으로 바뀐다. 철거 여부를 놓고 소송까지 벌인 청와대와 시민단체가 최근 전면 교체 대신 비용을 덜 들이면서도 전통을 살리는 방식으로 석등의 모양을 변형하기로 절충점을 찾아서다.

2014년 『중앙일보』는 일본식 석등이라는 비판을 받아온 청와대 석등이 전통적인 보름달 모양의 석등으로 바뀔 예정이라고 보도했다.(「청와대 석등에 '보름달' 얹는 까닭」, 『중앙일보』, 2014.9.6.) 청와대 내부에서도 청와대 대문의 일본식 석등에 문제가 있다는 점을 분명히 인지하고, 개선을 위한 방안을 모색 중이란 것을 확인할 수 있다. 조만간 일본식 석등이 철거되고 전통양식으로 만들어진 청와대 대문을 보게 될 것으로 기대한다.

1

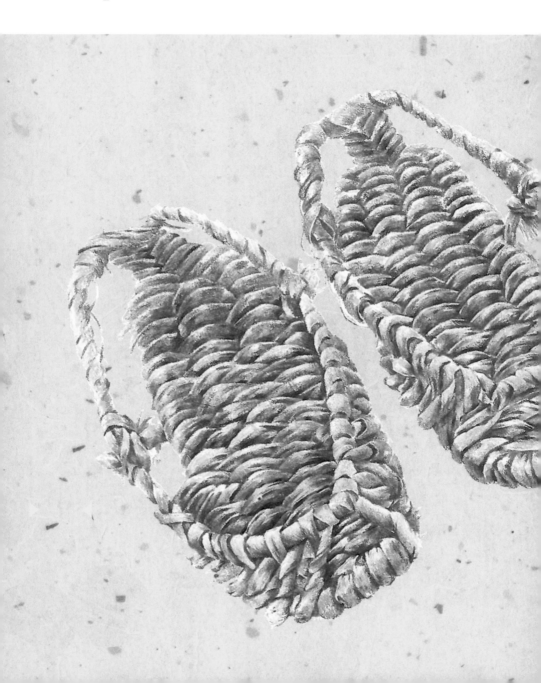

상처받은 민족혼

짚신을 문화재라고 돌려주었던 일본의 의도는 무엇이었을까? (…중략…) 힘겨운 싸움 끝에 돌려받은 우리의 문화재. 그 눈물겨운 협상의 결과물에 이런 것들이 포함되어 있었다는 것을 어떻게 받아들여야 하는가? 그리고 그런 사실을 인지하거나 문제를 제기한 사람이 아무도 없었다는 것을 또 어떻게 생각해야 하는가?

히젠도, 조선의 심장을 찌르다

조선의 심장을 찌른 칼, '히젠도'

1895년 양陽 10월 8일. 새벽 5시경 경복궁 광화문에서 한 발의 총성이 울렸다. 작전명 '여우사냥'. 조선공사 미우라와 일본인 자객들이 자행한 명성황후 암살작전, 을미사변의 시작을 알리는 신호였다. 일본인 자객들은 왕비의 거처인 건청궁乾淸宮에 난입, 명성황후를 암살하고 그 유해遺骸를 불태웠다. 110년 전의 그날 명성황후의 목숨을 끊은 자객의 칼은 일본 후쿠오카에 위치한 구시다 신사의 귀중품으로 기증되어 지금까지 남아 있었다.

2006년 8월. 명성황후를 살해한 칼이 이곳에 보관되어 있다는 것을 알고 찾아갔을 때 우리를 맞이한 건 신사의 책임자 아베 겐노스케 阿部憲之介 궁사였다. 그의 얼굴에는 난처한 기색이 역력하였다. 보여주지 않겠다는 신사 측을 설득하고 설득해서 허락된 자리였기 때문이었다. 얼마 후 그는 자주색 보자기에 싼 칼을 풀어 놓으며 이렇게 칼을 공개하는 것은 대단히 이례적인 일이라고 말했다.

| **구시다 신사** 일본 후쿠오카 시내에 자리 잡고 있으며, 히젠도가 보관되어 있는 곳이다. |

전체 길이 120cm, 칼날 90cm의 칼은 시간을 뛰어넘어 여전히 으스스한 살기를 뿜어 내고 있었다. 나무로 만든 칼집에는 '일순전광자노호一瞬電光刺老狐(늙은 여우를 단칼에 찔렀다.)'라고 적혀 있었다. 이는 칼 주인이 사건 당일 작전명 '여우사냥'의 성공을 기념하기 위해 새긴 것이라고 한다.

'아, 이 칼이 조선의 심장을 찌른 칼이구나!' 가슴 한쪽에서 피가 울컥 솟는 느낌이었다.

궁사는 잠시 동안의 정적을 깨며 이 칼은 17세기 일본 에도 시대에 다다요시忠吉라는 장인匠人에 의해 만들어진 명검으로 '히젠도肥前刀'라고 불린다는 것, 제작 당시 전투용으로 만들어진 것이 아니라 살상殺傷용으로 만들어졌다는 것, 메이지 41년(1908) 명성황후 살해의 유

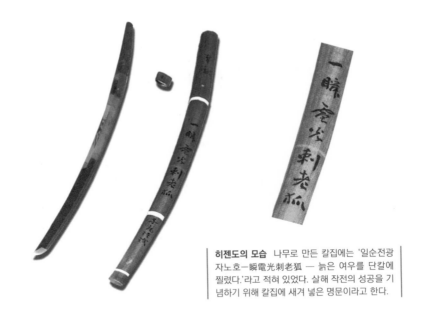

히젠도의 모습 나무로 만든 칼집에는 '일순전광
자노호—瞬電光刺老狐 — 늙은 여우를 단칼에
찔렀다.'라고 적혀 있었다. 살해 작전의 성공을 기
념하기 위해 칼집에 새겨 넣은 명문이라고 한다.

구시다 신사의 궁사가 칼을 뽑아 보이고 있다.

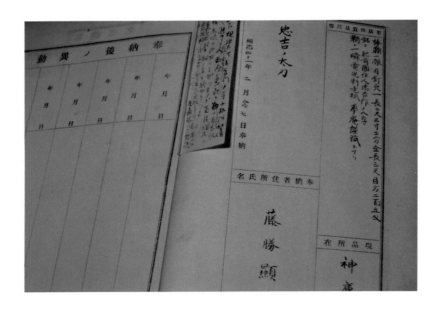

구시다 신사의 봉납 기록 1908년 도오 가쓰아키가 히젠도를 기증할 당시 관련 내용을 기록했다. 여기에 '왕비를 이 칼로 베었다.'라고 적혀 있다.

력한 용의자인 도오 가쓰아키藤勝顯가 신사에 기증했다는 것 등의 짤막한 설명을 덧붙였다.

도오가 이 칼을 기증할 당시 궁사가 중요한 내용을 써 놓았다는 봉납捧納 기록에는 '이 칼로 조선의 왕비를 베었다.' 라고 적혀 있었다. 우리가 그 대목을 소리 내어 읽자 궁사는 별다른 반응 없이 고개만 끄덕였다. 이 사진이 공개되면 혹시라도 몰고 올 정치적 파장을 우려했기 때문일 것이다.

도오가 정말 명성황후를 절명시켰는지는 아무도 모릅니다. 다만 왕비
의 침실에 난입한 사람 중 한 명이라는 것은 맞습니다. 사건 당시 왕비는

궁녀와 같은 복장을 하고 있었기에 그가 살해한 사람이 궁녀일 수도 있고…….

궁사는 긴 설명을 늘어놓을수록 난처해질 것이라는 생각 때문인지 그 이상 다른 말을 잇지 않았다. 그런 심경을 반영하듯 그의 얼굴은 거나하게 취한 술꾼처럼 붉게 달아올라 있었고 칼을 뽑아든 손은 미세하게 떨리고 있었다. 칼에서 뿜어져 나오는 살기는 방 안에 있는 모든 사람을 긴장시키고 있었다. 궁사는 말을 마치고 나서 이내 칼을 거두었다.

도오 가쓰아키는 명성황후 살해 사건 당시 왕비의 침전에 난입한 세 사람 중 한 명이다. 일본의 저명한 문필가 쓰노다 후사코角田房子의 『민비 암살』(한국어판 제목 『명성황후-최후의 새벽』)에는 사건 당시 살해 용의자들의 수기와 증언들을 적어 놓았다. 그중 데라사키의 편지에는 "나카무라 다테오, 도오 가쓰아키, 나(데라사키), 세 사람은 국왕의 제지를 무시하고 왕비의 방으로 들어갔다."라고 되어 있다. 그리고 또 하나의 주장에 의하면 "나카무라 다테오가 곤녕합坤寧閤에 숨어 있던 명성황후를 발견하여 넘어뜨린 후 처음 칼을 대었고, 곧이어 달려온 도오 가쓰아키가 두 번째로 칼을 대어 절명시켰다."고 한다. 정리하자면 도오 가쓰아키는 왕비의 침실로 최초 난입한 세 사람 중 한 명이었고, 칼을 휘둘러 명성황후를 절명시켰으리라 추정되는 유력한 용의자이다. 훗날 도오 가쓰아키는 그날의 범행을 참회하고 칼을 신사에 맡기며 다시는 이 칼이 세상에 나오는 일이 없도록 해 달라고 당부했다고 한다.

한일관계의 많은 업보를 담고 있는 칼, 히젠도를 보고 뒤돌아 나오는 발걸음이 소나기를 머금은 먹장구름처럼 흐렸다. 우리는 취재를 허가해 주신 점에 대한 씁쓸한 감사 인사를 전하며 무거운 발걸음을 옮겼다.

불행한 역사의 시작, 명성황후 살해 사건

을미사변은 이른바 '피로써 피를 씻은 한일 간의 불행했던 역사의 시작'이다. 백범 김구는 일본인의 '국모 살해'에 격분하여 일본 군인을 죽임으로써 독립 운동의 길에 들어섰고, 삼천리 방방곡곡에서는 항일 의병 운동이 본격적으로 전개되기 시작했다. 또한 1909년 안중근 의사는 하얼빈에서 이토 히로부미를 저격한 뒤, 이토를 사살하게 된 15개의 이유를 진술하면서 '남의 나라 국모를 살해한 죄'를 첫 번째로 들었다.

이와 같이 한일 간의 원한을 촉발시킨 사건에 직접 사용된 범행 도구가 일본 신사에 지금까지 보관되어 있다는 것은 심히 우려스러운 일이 아닐 수 없다. 그런데 무슨 연유로 신사에 봉납되어 지금까지 보관되어 있는 것일까?

구시다 신사에서 그리 멀지 않은 곳에 셋신 원節信院이라는 임제종臨濟宗 계파의 절이 있는데, 이 절에 방문해서야 우리는 칼의 내력을 들을 수 있었다.

자신이 저지른 일을 참회하고 싶었던 도오는 친척 중 한 사람이 셋신 원과 인연이 있기에 이곳에 칼을 맡기고자 했다고 한다. 그러나 사

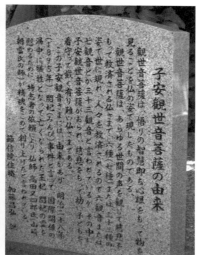

석조 관음보살상(왼쪽)과 비석(오른쪽) 비석에는 관음보살상이 건립된 유래가 자세히 기록되어 있다.

찰은 칼과 같은 흉기를 맡을 수 없었으므로 그 대신 관음불상을 시주 받았다고 한다.

사찰 관계자인 요시코 여사는 시종 진지한 어조와 미안한 듯한 표정으로 아주 조심스럽게 설명을 해 주었다. 그녀가 안내한 마당 한쪽에는 석조 관음불상이 하나 있었고, 그 옆에는 관음불상의 내력을 적은 비석이 있었다.

1895년 민비 사건이라고 불리는 일이 있었다. 국제 관계의 소용돌이 속에 죽어 간 왕비의 영혼을 위로하기 위해 독지가들이 세웠다.

비석은 차가운 회색 얼굴을 하고 아무 말 없이 우리 쪽을 보고 있었다. 착잡한 심경에 잠겨 있던 우리들에게 요시코 여사는 도오가 노년에는 자책감에 세상을 등지고 거의 수도승처럼 살았다는 말과 당시 사건에 연루된 후손들도 가끔 이곳을 찾아온다는 사실도 이야기해 주었다.

명성황후의 살해에 가담했던 자객들은 이렇게 스스로의 죄과를 뉘우치고 있었다. 근심스러운 표정으로 나직이 관음보살상의 내력을 설명하는 일본인 할머니의 얼굴 위로 야스쿠니 참배를 강행하는 일본 우익 세력들의 얼굴이 겹쳐졌다. 국가 지상주의와 제국주의 팽창의 야욕이 이렇게 평범한 개인을 전쟁의 귀신으로 바꿔 놓을 수도 있다는 생각에 몸서리가 쳐졌다. 결국 피는 피를 부르는 것이기에.

분노와 슬픔의 역사를 딛고

최근 발견된 「에이조 문서」는 명성황후 죽음에 대한 더욱 충격적인 사실을 전한다. 이 문서는 정식 외교 문서이자 일본 국회 헌정자료실에 보관되어 있는 헌정 546호 이토 백작가 문서伊東伯爵家文書「조선 왕비 사건 관계 자료」에 편철되어 있는 5종의 문서 중 하나로, 발단, 명의, 모의자, 실행자, 외국 사신, 영향 등 총 6장으로 구성되어 있다.

1895년 을미사변 직후 조선 정부의 고문관이었던 이시즈카 에이조石塚英藏*는 일본 정부의 법제국 장관인 스에마쓰 가네즈미末松謙澄에게 외교 라인을 통해 서간書簡으로 상황을 보고한다. 이시즈카는 사건 이후 벌어질 파장을 예견하고, 미우라 공사의 재가 없이 본국의 직속상관에게 '사건 진상'을 보고한 것으로 추정된다. 이 문서에는 이른바 '사체 능욕설'의 근거가 된 일부 내용도 담겨 있다. 평상시 남자들에게 얼굴조차 보이지 않았던 우리의 왕비는, 죽어서 이국異國의 사내에게 나체로 발가벗겨졌던 것이다.

> 특히 무리들은 안으로 깊숙이 들어가 왕비王妃를 끌어내어 두세 군데 칼로 상처를 입혔다. 나아가 왕비를 발가벗긴 후 국부 검사(可笑又可怒 — 웃긴다고 해야 할지 화가 난다고 해야 할지)를 하였다. 그리고는 마지막으로 기름을 부어 소실燒失시키는 등 차마 이를 글로 옮기기조차 어렵도다. 그 외에 궁내부 대신을 참혹한 방법으로 살해殺害했다.
>
> ― 「에이조 보고서」 중에서

쓰노다 후사코 여사는 『민비 암살』의 서문에서 "한국에서는 누구나 알고 있는 사건인데, 가해자 측인 일본에서는 그런 사건이 있던 것조차 일반적으로는 알려지지 않았다."고 말하고 있다. 그러나 과연 우리는 이 사건에 대해 얼마나 알고 있으며, 어떤 문제의식을 가지고 있는가를 스스로에게 되묻지 않을 수 없다.

을미사변 발발로부터 100여 년이나 지났지만, 지금도 역시 「에이조 문서」를 무심히 읽어내려 가기가 어렵다. 아니 당시의 어둡고 슬픈 역사를 생각하면 차마 읽어내려 갈 수가 없다.

＊   일본 후쿠시마 출신, 동경제대 정치과 졸업. 일본 법제국 참사관 겸 서기관, 조선 통감부 참여관, 조선총독부 농상공부 장관, 동양척식회사 총재, 대만 총독 등을 역임하였다.

히젠도 처분 촉구 기자회견
이용수 강제위안부 피해자 할머니, 최봉태 변호사와 함께 히젠도의 처분을 촉구하고 있다.

구시다 신사 소장 히젠도 처분 요청서

이 문서는 2010년 3월 '히젠도환수위' 발족식과 더불어 구시다 신사에 히젠도에 대한 적절한 처분을 요청한 서신이다.

우리는 귀 신사에 보관되어 있는 '히젠도'에 대해 몇 가지 의견을 개진하고자 합니다. 이 칼은 한일 간에 지난 100여 년 동안 발생했던 비극적인 업보를 상징하는 물건입니다. 이 칼로 저지른 1895년의 을미사변(조선 왕비 살해 사건)으로 말미암아 이른바 '피로써 피를 씻은 한일관계'가 시작되었고, 이는 한국은 물론 일본 역사까지도 불행하게 만들었으며, 우호적 한일관계를 토대로 열어 가야 할 새로운 시대를 저해하고 있습니다.

1895년 을미사변은 한일 간의 원한이 시작되는 분기점입니다. 당시 조선에서는 '왕비 살해'에 격분, 전국에서 의병이 일어나 일본과 무장 충돌이 일어났습니다. 상해임시정부 주석을 맡았던 김구 선생도 자신의 저술 『백범일지』에서 "국모 살해에 격분, 일본 군인을 살해함으로써 독립 운동에 투신하게 되었다."는 취지의 기록을 남기고 있습니다. 안중근 의사 역시 하얼빈에서 이토 히로부미를 저격한 뒤 15개 조목의 이유를 밝히면서 '남의 나라 국모를 살해한 죄'를 거론, 이토 히로부미에게 책임을 물었다고 진술하고 있습니다.

이 사건의 역사적 중요성은 1965년 12월 3일 일본 국회 참의원의

일한조약특별위원회日韓條約等特別委員會에서도 언급되었습니다. 당시 공명당 소속 구로 야나기 의원은 사토 총리에게 "한국 독립 운동의 선두에 왕비 살해 사건이 있다(獨立運動の先頭に立った韓國の王妃を殺害していると)."고 지적하고 있습니다.

한일관계에 있어서 비극적인 이 사건에 대한 생생한 증거물이 귀신사에 남아 있다는 것은 한국인에게 있어서 충격적인 일입니다. 귀신사에 보관된 히젠도는 명성황후 살해 사건에 가담했던 도오 가쓰아키가 메이지 41년(1908)에 기증한 것으로 알려져 있습니다. 기증자 도오 가쓰아키는 현양사 소속의 인물로 1895년 을미사변 당시 사건에 참여, 경복궁에 들어가 명성황후를 직접 살해한 인물로 지목되고 있습니다.

자신이 명성황후를 살해했다고 자백한 데라사키寺崎泰吉의 수기를 보면 "나카무라 다테오中村楯雄, 도오 가쓰아키, 나(데라사키), 세 사람은 국왕의 제지를 무시하고 왕비의 방으로 들어갔다."는 구절이 기록된바, 이는 도오 가쓰아키가 왕비의 침전에 들어갔다는 유력한 증거라 할 것입니다.

쓰노다 후사코角田房子 여사도 여러 가지 객관적 자료를 종합한 결과『민비 암살』이란 저술에서 "나카무라 다테오가 곤녕합坤寧閤에 숨어 있던 명성황후를 발견하여 넘어뜨린 후 처음 칼을 대었고, 곧이어 달려온 도오 가쓰아키가 두 번째로 칼을 대어 절명시켰다."는 의견을 기술하였습니다.

후쿠오카에 위치한 사찰 셋신 원 관계자의 말에 의하면, '조선 왕비 살해 사건'에 가담, 명성황후를 살해한 도오 가쓰아키는 심정적으로 상당히 괴로워했다고 합니다. 이에 셋신 원에 관음상을 시주하고, 살해 현장에서 사용한 히젠도는 귀 신사에 기증했다고 합니다.

2006년 '조선왕실의궤환수위'와 MBC가 귀 신사에 방문하여 확인한 봉납 기록에도 '조선 왕비를 이 칼로 베었다.'라는 구절이 적혀 있었으며, 나무로 만든 칼집에는 '일순전광자노호―瞬電光刺老狐 ― 늙은 여우를 단칼에 찔렀다.'라고 새겨져 있었습니다. 이는 도오가 살해 사건 당일 작전명 '여우사냥'의 성공을 기념하기 위해 새긴 것이라고 들었습니다. 이와 같은 정황으로 살펴볼 때, 도오가 경복궁에서 명성황후를 살해할 당시 히젠도가 사용되었다는 추론에는 의문의 여지가 없다고 할 것입니다.

1895년 히로시마 형무소에서 도오 가쓰아키를 비롯해 '을미사변'과 관련된 관계자들은 '증거 불충분'으로 석방되었다고 알고 있습니다. 그럼에도 불구하고 귀 신사에 사건 당일 사용되었던 범행 도구가 남아 있다는 것은 다소 놀라운 일입니다.

세계 역사상 타국의 왕 혹은 왕비를 살해한 물건이 현재까지 보관되어 있다는 말은 들어 본 적이 없습니다. 나아가 근대 법치국가의 성립 이후 살인에 사용된 흉기가 해당 검찰이나 국가에 압수되지 않고 개인 혹은 단체에 남아 있다는 것은 납득할 수 없는 일입니다. 게다가 비극적인 한일 역사의 한 장면을 그대로 담고 있는 칼이 아직까지 보존되어 있다는 것은 미래를 위해서도 바람직한 일이 아닐 것입니다.

올해는 일본의 조선 강점 100년을 맞는 해이자 안중근의 사망 100년을 맞는 해로, 새로운 한일관계를 재정립해야 하는 중대한 시점입니다. 따라서 우리는 귀 신사에 이 칼의 처분 문제에 대해 어려운 말씀을 드리고자 합니다. 이 칼은 한국과 일본 사이에 놓인 하나의 거대한 장애물과 같습니다. 이 칼이 저지른 '조선 왕비 살해 사건'은 안중근이 일본의 초대 총리 이토 히로부미를 저격하는 사건으로 이어졌습니다. 나아가 일제의 조선 강점, 태평양 전쟁 등으로 진행해 결국 히로시마의 원폭 투하로까지 연결되어 세계 역사의 참혹한 비극으로 귀결되었습니다.

우리는 일본의 조선 강점 100년, 안중근 사망 100년을 맞아 귀 신사가 히젠도를 좀 더 바람직한 방법으로 처분해 주시길 제의합니다. 이 물건은 더 이상 일본에 남아서 양국 국민의 감정을 악화시키고, 우호적 한일관계에 방해가 되어서는 안 됩니다.

귀 신사의 용기 있는 결단으로 한일관계가 한 단계 진전하는 전기가 마련되기를 진심으로 기원합니다.

2010년 3월

이토를 겨눈 안중근의 총알

하얼빈 역에 울려 퍼진 정의의 총소리

1909년 10월 26일 오전 9시 30분경, 만주 시찰에 나선 이토 히로 부미를 태운 열차가 하얼빈 역에 도착했다. 러일 전쟁에서 승리한 일본이 만주에 대한 지배권을 확고히 하기 위한 방문이었다. 제법 쌀쌀한 기운이 감도는 하얼빈 역의 플랫폼은 이토를 환영하는 사람들로 북적거렸다. 러시아 군인들의 호위를 받으며 열차에서 이토가 내렸고, 그의 수행원 십여 명이 뒤를 따랐다. 이들은 모두 일본 정관계와 군의 핵심 고위직들이었다.

신문 기자로 위장한 안중근은 삼엄한 경비를 뚫고 이토가 사정권 안으로 들어오기를 침착하게 기다렸다. 잠시 뒤 의장대가 환영대오를 사열하고 팡파르를 울리는 순간, 천지를 뒤흔든 일곱 발의 총소리가 울렸다. 잇달아 쓰러지는 일본 귀빈들. 잠시 얼음처럼 흐르는 정적을 뚫고 조선 청년의 함성이 울려 퍼졌다.

하얼빈 역에 내린 이토 히로부미
저격 직전 촬영된 사진으로, 가운데 모자를 벗고 있는 사람이 이토 히로부미이다.

코레아 우라(대한독립만세)!

안중근의 의거는 이토 히로부미 한 사람에 대한 저격이 아니라 일본 제국주의 침략의 부당성을 전 세계에 폭로하여 조선의 기개를 떨친 것이었다. 그리고 100여 년이 지난 지금, 그중의 한 발을 일본 도쿄에서 우연히 만나게 되었다. 갑자기 심장이 터질 듯 뛰어올랐다.

일본 헌정기념관에서 만난 안중근

2008년 3월 31일. 일본 공산당의 가사이 의원을 만나러 도쿄에 간 길이었다. 나는 2006년 도쿄대에 소장된 『조선왕조실록』 오대산 사고

일본 헌정기념관 국회와 관련된 다양한 사건과 자료를 볼 수 있는 곳으로, 안중근 의사가 하얼빈 역에서 이토 히로부미를 향해 쏜 총알 중 하나를 전시하고 있다.

본 47책의 반환운동에 성공한 뒤, 곧바로 일본 궁내청 황실 도서관에 소장된 『조선왕실의궤』의 반환운동을 시작했다. 『조선왕실의궤』는 조선시대에 작성된 기록 문화유산의 꽃으로, 현재 유네스코 세계 기록 문화유산으로 등재된 문화재이다. 많은 우여곡절 끝에 일본 공산당의 동참을 이끌어 내었고, 일본 공산당 의원들은 일본 정부를 향해 '식민지 지배에 대한 반성'의 의미로 『조선왕실의궤』를 원산국으로 반환하는 것이 좋겠다는 의견을 적극적으로 개진해 주었다.

국회 대정부 질의가 이어졌고, 일본 외무성은 '법적 의무는 없다는 것을 전제로 한일 우호 관계에 기여할 수 있는 방향으로 반환 문제'를 처리하겠다는 의견을 밝혔다. 이를 계기로 의궤 반환 문제는 순조롭게 진행되어, 일본 『아사히 신문』에 두 번에 걸쳐 보도되었고, 한일 장관급 회담에서 논의되는 수준에 이르렀다. 이에 나는 2010년 당시 이

명박 대통령의 일본 방문 일정을 앞두고 일이 급진전될 가능성이 있다는 생각에 이를 협의하기 위해 떠난 길이었다.

카사이 의원과의 만남을 마친 뒤, 일본 국회를 걸어 나오다가 문득 일본 헌정기념관에 눈길이 멈추었다. 일본이 메이지 유신을 거치면서 최초의 헌법 제정과 관련된 기록물을 전시하고 있는 기념관이라고 했다. 갑자기 의궤 반환운동을 통해 알게 되었던 일본인들의 반응들이 머릿속에 떠올랐다.

『조선왕실의궤』의 반환 요청에 대한 일본인들의 반응은 다양했다. 그 가운데 가장 비판적인 의견을 드러내고 악의적 비방을 서슴지 않는 부류들은 대부분 '한국이 그런 문화재의 보관 능력을 갖추고 있는가?'에 대한 이유를 들어 노골적인 난색을 보였다. 그중에서도 마음을 가장 아프게 했던 의견은 '한국은 제헌 헌법의 원본 및 국새國璽(나라를 대표하는 도장)를 분실한 나라'라는 것이었다.

지난 2005년 감사원 감사 결과, 우리나라는 그동안 정부 기록물 관리를 방만하게 해 왔고, 1948년 발표한 제헌 헌법 원본과 거기에 날인된 제1차 국새를 분실한 것으로 밝혀졌다.

여기에 대해 일본 우익 인사들은 소위 '헌법 원본을 분실하는 놈들'이 무슨 염치로 일본 궁내청에 있는 의궤를 되돌려 달라는 말을 할 수 있느냐는 반응이었다. '제헌 헌법을 분실한 놈들'이라는 비난에는 딱히 뭐라 대답을 하기가 궁색하기 짝이 없으나 그들이 간과한 사실이 있다. 식민 통치로부터 해방, 6·25전쟁, 군사 쿠데타, 민주화 운동 등을 겪은 우리의 지난 반세기가 얼마나 격동적이었는지, 그리고 그 격변을 겪게 한 가장 직접적 원인은 바로 일본의 침략 때문이었다는 것을……

가슴 아픈 기억이 끓어오르며 '그래, 너희들은 헌법 원본을 얼마나 잘 보관하고 있는지 한번 보자.'라는 오기가 발길을 헌정기념관 안으로 성큼 들어서게 했다.

일본 헌정기념관에는 뜻밖에 이토 히로부미의 자료가 많았다. 메이지 유신을 거치며 일본 헌법을 만드는 데 이토 히로부미의 역할이 컸음을 보여 주는 것이다. 일본은 입헌군주제의 모델을 영국으로부터 찾았고, 메이지 유신 과정에서 지대한 공을 세운 영국 유학 출신 이토가 큰 활약을 했다는 것은 어쩌면 당연한 일이었을 것이다. 그런 일본 역사의 생생한 흔적들이 즐비하게 늘어선 한쪽에 안중근의 자취도 살아 있었다. 갑자기 숨이 턱 막혔다.

이토 히로부미를 겨눈 안중근의 '총알'

안중근이 거사 당일 사용한 총은 FN M1900. 벨기에 파브리크 나시오날 드 헤르스탈사가 존 브라우닝의 설계도에 따라 개발한 싱글 액션의 자동 권총이다. 슬라이드를 사용하는 초기 권총 중 하나이며, 쇼트 리코일 방식*이다. 이 권총은 역사적인 암살 사건에 몇 번 등장

---

* 미국의 총기 설계가 브라우닝이 설계한 것으로, 브라우닝 권총에서 먼저 쓰여 브라우닝 액션이라고도 부른다. 주로 권총에 쓰이는 방식으로 권총의 반동을 줄이기 위한 가장 효과적 장치 중 하나이다. 이는 발사 순간 총열이 약간 회전하면서 뒤로 후퇴하는 방식을 취하고 있다.

안중근 의사가 실제 사용했던 권총(왼쪽)과 권총 보관함(오른쪽) 안중근이 사용한 권총은 거사 후 러시아 군대에 압수되었다.

했다. 1904년, 유진 샤우만이 일련번호가 알려지지 않은 M1900을 사용하여 핀란드의 러시아 총독 니콜라이 이바노비치 보브리코프를 암살했다. 1914년 사라예보 사건 당시에도 이 권총이 사용되었다. 이 총은 탄창에 일곱 발을 장전할 수 있는데, 안중근은 거사 당일 최대한의 총알을 준비하기 위해 약실에 한 발을 더 넣어 총 여덟 발을 장전했다고 한다.

안중근은 하얼빈 역에 내린 뒤 의장대를 통과하는 사람 중 이토로 추정되는 사람을 향해 세 발을 쏘아 명중시켰다. 이때, 안중근은 총을 맞은 사람이 이토가 아닐지도 모른다는 생각에 다시 뒤쪽에 따라가고 있던 일본인을 목표로 하여 네 발을 추가로 발사했다.

이로 인하여 이토의 왼쪽에 섰던 하얼빈 주재 일본 총영사관 총영사 가와카미 도시히코가 오른팔 골절 관통상을 입었다. 이토의 오른쪽에 있던 수행 비서관 모리 야스지로는 왼쪽 허리를 관통한 총상을, 모리의 곁에 있던 남만주 철도 주식회사 이사 다나카 세이지로는 왼

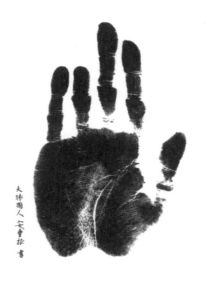

안중근 의사(왼쪽)와 안중근 의사의 손(오른쪽) 독립 혈서를 쓰기 위해 잘랐다는 손가락이 인상적이다.

쪽 다리 관절에 총상을 입었다. 또, 남만주 철도 주식회사 총재 나카무라 제코는 외투를 뚫은 총탄이 바지 오른쪽에 박혔다.

안중근은 그렇게 일곱 발의 총을 쏘았고 한 발의 총알을 남겼다. 아마도 그 한 발은 자결을 위해 준비한 탄환이었을 것이다. 일곱 발을 쏜 뒤 안중근은 마지막 한 발에 대해 잠시 동안 생각했으리라.

'이 총으로 자결해야 하는가?'

그런 심각한 갈등이 마음속에서 솟구쳐 격정의 짧은 시간을 보냈을 것이다. 그러나 그는 자결하지 않는 쪽을 택했다. 살아남아서 조선의 남아가 왜 이토를 처단해야 했는지 말하는 쪽이 옳다는 생각을 했을 것이다.

안중근은 권총을 던지고 품 안에서 태극기를 꺼내든 뒤, 하얼빈 역에 있던 군중들을 향해, 자신의 동지들을 향해, 나아가 세계 모든 사람들을 향해, 아니 어쩌면 후대에 살아갈 조선 사람 모두를 향해 "코레아 우라(대한독립만세)!"라고 목청껏 외쳤다.

안중근이 남긴 한 발의 총알

헌정기념관의 그 총알은 탄두의 앞부분이 십자 모양으로 벌어져 있었다. 전하는 말에 의하면, 천주교 신자인 안중근이 저격에 앞서 총알에 십자가를 새긴 것이라고 한다. 십자 모양에 담긴 두 가지 의미를 정리하자면 하나는 십자가를 생각하며 예수가 흘린 보혈, 대속代贖의 의미로 새긴 것이고, 또 하나는 이토의 몸 안에서 납 성분을 유출시켜 치명상을 입히려는 의도였다고 한다. 조선 민중의 피 끓는 분노를 담아 이토를 향해 날아갔던 흔적이 역력히 담긴 총알을 보고 있노라니 100년의 세월을 뛰어넘은 아련한 고통이 둔탁하게 전이되어 왔다.

헌정기념관 측의 설명에 의하면, 이 총알은 1909년 안중근의 거사 당시 총을 맞은 남만주 철도 주식회사 이사 다나카 세이지로의 넓적다리에서 꺼낸 것이라고 한다. 다나카 세이지로는 안중근이 이토와 함께 저격했던 네 사람 중 한 사람이다. 이 총알은 안중근의 재판 당시 증거물로 채택되었다가 재판 종료 후 다롄大連 경찰서가 다나카에게 돌려주었다고 한다. 하지만 다나카는 그 총알을 다시 헌정기념관

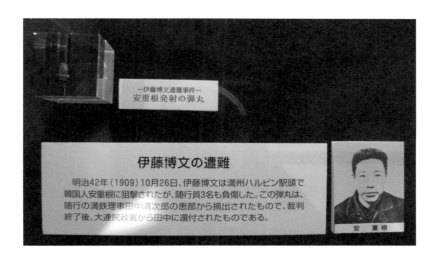

-伊藤博文遭難事件-
安重根発射の弾丸

伊藤博文の遭難

明治42年（1909）10月26日、伊藤博文は満州ハルビン駅頭で
韓国人安重根に狙撃されたが、随行員3名も負傷した。この弾丸は、
随行の満鉄理事田中清次郎の患部から摘出されたもので、裁判
終了後、大連民政署から田中に還付されたものである。

安　重　根

안중근의 총알 1909년 하얼빈 역에서 이토를 향해 발사된 일곱 발 중 하나로, 일본 헌정기념관에 보관
되어 있다.

에 기증하여 오늘날까지 '안중근이 발사한 총알'이라는 이름으로 이
토 히로부미 저격 사건을 증언하게 했다.

훗날 다나카는 안중근의 인품과 사상에 감동을 받아 "일본인으로
서 이런 말을 하게 된 것은 가슴 아픈 일이지만, 안중근은 내가 만난
사람들 중 가장 위대한 사람이었다."는 말을 했다고 한다.

이토의 흔적을 찾다

2009년 10월. 이토의 고향에 가 보았다. 그의 사망 100년을 맞아

야마구치현 하기萩 시에서 열리는 '이토 히로부미와 그의 시대'라는 특별전을 관람하기 위해서였다.

이토의 흔적을 찾아 가는 길은 멀고도 멀었다. 신칸센을 타고 9시간을 가서 신 야마구치 역에서 내린 후, 거기서 버스를 타고 2시간 남짓 더 가서야 이토의 고향 하기 시에 닿을 수 있었다. 인구 10만도 채 되지 못하는 매우 한적한 어촌 마을에서 이른바 메이지 시대 최고의 영웅 이토 히로부미가 자라났다.

하기 시에서는 이토의 사망 100년을 맞는 특별전이 한창이었다. 거기에는 놀랍게도 이토가 하얼빈에서 절명할 당시 입고 있었던 셔츠가 전시되어 있었는데, 안중근의 저격으로 흘린 다량의 혈흔이 그대로 남아 있었다.

일본 돈 천 엔짜리 지폐에 1984년 11월 소설가 나쓰메 소세키 얼굴이 등장하기 전까지, 정확히 말해서 1963년 11월부터 1984년까지 천 엔짜리 지폐의 인물이었던 이토는 지금까지도 일본 역사상 가장 존경받고 인기 있는 인물 가운데 한 사람으로 추앙받고 있다. 그는 일본 근현대사의 놀라운 성공의 출발점이자 지금도 일본인 다수에게 민족적 자부심의 원천이 되고 있는 메이지 유신의 핵심 인물이었으며, 조선을 식민지로 전락시킨 주범이었다.

안중근의 이토 저격은 이른바 나라를 빼앗긴 조선 백성의 울분과 통한을 실어 쏘아 보낸 민족사적 사건이었다. 이것은 국모를 살해하고, 임금을 윽박질러 을사조약을 체결하게 한 민족의 원수怨讐를 향한 조선의 일갈一喝이나 다름없었다. 그의 피 묻은 셔츠는 100년이 지난 지금도 글로 써내려가기 힘든 무엇인가가 가슴속에서 울컥 치밀어 오르게 했다. 이것이 지난 100년간 피로써 피를 씻어 내린 한일 간의 무

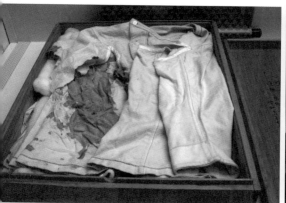

절명 당시 이토가 입고 있던 셔츠 의사가 응급 치료를 위해 옷을 절단한 흔적과 총탄이 관통한 자국, 혈흔이 아직도 선명하다.(일본 하기 박물관 소장)

한한 업보를 대변하는 하나의 상징물이자, 한일 양국의 입장 차이를 극명하게 보여 주는 물건이기 때문일 것이다.

이토의 최후와 조선의 혼

전시관에는 당시 이토의 수행원인 무로다의 입을 빌려 다음과 같은 설명이 붙어 있었다.

이토는 총에 맞은 뒤, 응급 치료를 받았고, 브랜디를 두 잔 마셨다. 한 국인이 가해자란 말을 듣고 '빠가야로(바보 같은 녀석)'라고 읊조리더니 곧

숨을 거두었다. 저격 후 30분이 지난 후였다.

그러나 피 묻은 셔츠를 실제로 본 뒤 이 말이 거짓말이라는 생각을 했다. 세 발의 총알이 흉부와 복부에 박히고, 이 정도 다량의 출혈이 있었다면 브랜디를 두 잔이나 들이키고 말할 여력이 남아 있었을 리 없다. 아마 이토는 그 자리에서 즉사했을 것이다. 브랜디를 마시며 '빠가야로'라고 읊조렸다는 말은 이토의 영웅스러움, 그리고 한국인에 대한 비하를 위해 후대에 사람들이 만들어 낸 말에 불과한 것이리라. 그들은 또다시 그렇게 사실을 왜곡하여 이토의 영웅스러움을 치장하기 위해 수선을 떨었을 것이다.

이토는 조선을 식민지로 지배할 것이 아니라 통감정치를 통한 반식민지 상태에서 경제적·문화적 지배를 거듭하면 충분하다는 생각을 가지고 있었다. 따라서 군국주의자들과는 달리 일제에 의한 조선의 식민지 지배를 반대했다고 한다. 그런데 자기가 조선 청년이 겨눈 총에 죽게 되니, 만약 이토가 죽기 직전 그런 말을 정말 했다면 강경파에 의해 조선의 식민지화가 곧 앞당겨질 것이라는 생각에서 한 말일 것이다.

과연 이토의 생각대로 이듬해 조선은 일본에게 국권을 침탈당했다. 혹자는 안중근의 저격이 조선의 멸망을 촉진시켰다는 비판까지 제기하기도 한다. 하지만 이토가 살아서 조선을 경제적·문화적·정치적으로 교묘히 수탈했다면, 오늘날 우리나라는 어떻게 되었을까? 정리할 수 없는 생각들이 뒤엉켜 머리가 무거워지기 시작했다.

이토의 셔츠 옆에는 조선 통감 시절 이토가 사용했던 모자와 견장이 전시되어 있었다. 을사조약 체결 후 조선 최고의 권력자가 된 이토

이토의 모자와 견장(왼쪽) 그리고 **조선 통감 당시의 모자와 견장을 착용한 이토**(오른쪽) 이토는 공식적인
행사에 이 모자와 견장을 착용하고 나왔다고 한다.

는 공식적인 행사에 모자와 견장을 착용하고 나왔다고 한다. 이 모자
와 견장을 차고 조선 팔도의 모든 조선 사람 앞에서 군림했던 것이다.

그래서인지 이 물건은 유난히 공포심을 자아내고 있었다. 이른바
조선 사람들을 겁주기 위한 '칼 찬 일본 순사가 잡아간다.'라는 말이
지닌 공포의 근원이 초대 통감 이토의 권력에서 기인한 것이라고 본
다면, 이 물건은 조선 사람들의 무의식 속에 어마어마한 공포의 흔적
을 각인시킨 것인지도 모를 일이었다.

조선 사람들에게 공포의 상징이었던 물건이 이토의 최후를 증언하
는 피 묻은 셔츠와 나란히 전시된 모습을 보니 서글픈 감회가 일어났
다. 그가 짓밟으려고 했지만 끝내 짓밟지 못한 조선의 혼은 결국 그의
가슴에 구멍을 내 버리고 말았다.

다시 안중근을 생각한다

안중근은 '왜 이토를 저격했는가?'에 대한 첫 번째 이유로 '우리나라의 국모를 죽인 죄'를 들었다. 일본공사 미우라에 의해 1895년 명성황후가 피살당한 사건의 죄과를 이토에게 물은 것이다.

그렇게 아픈 과거를 품은 현실은 2006년 8월 나를 후쿠오카의 구시다 신사로 이끌어 명성황후를 절명시킨 칼 '히젠도'를 만나게 하더니, 다시 도쿄 헌정기념관으로 불러들여 '안중근의 총알'을 만나게 하고, 이토의 선명한 핏자국까지 대면케 하고 있었다.

일본 국회 헌정기념관에 안중근이 남긴 한 발의 총알은 우리에게 무엇인가? 조선 민중의 울분을 담아 일본의 심장을 터뜨려 버린 그 총알은 천언만어千言萬語를 끊고 침묵하게 만든다. 그가 새겨 넣은 십자 모양의 의미, 그리고 죽기에 너무 아까웠던 그의 젊음, 한일 간 역사를 뒤바꾼 시대의 무게가 사람을 압도한다. 이토의 가슴을 겨눈 총알의 무게는 지금도 차마 헤아릴 수 없을 만큼 비장하다. 그것이 뿜어내는 서슬은 세상에 조용히 순응하며 따라가기만 하는 우리의 가슴을 차갑게 씻어 내리고, 먹고살기에 바빠 잊고 있었던 우리의 무관심을 향해 다시금 달려들 기세이다.

물론 그 총알을 내가 최초로 찾아낸 것은 아니다. 그것은 오랫동안 거기에 있었고, 알 만한 사람들은 다 알고 있었을 것이다. 다만 우리가 무관심했을 뿐이다. 심지어 우리는 "조국의 국권이 회복되면 나를 고향으로 옮겨 장사 지내 달라."고 말한 안중근의 소원도 지켜 주지 못하고 있지 않은가? 안중근의 유해 발굴은 해방 60주년이 지난 오늘까지도 여전히 '모래사장에서 바늘 찾기'를 거듭하고 있다.

무엇인가 혀를 놀려 말할 수 없는 둔중한 느낌이 나를 불편하게 한다. 그리고 오늘따라 안중근이 옥중에서 남긴 유묵遺墨의 한 구절에 목이 멘다.

見利思義　見危授命
눈앞의 이익을 보거든 의로움을 생각하고
나라가 위기에 처했을 때는 목숨을 던져라.

안중근 의사의 유묵(보물 569-6호)
안중근이 만주 뤼순 감옥에 있을 때 쓴 묵서이다.

조선 여인 생식기 표본 사건

—

명월이를 만나다

'홍련화'에 담긴 비밀

땅거미가 밀려드는 저녁 어스름, 특별 관람실 문을 열고 들어갔다. 나를 반기는 그녀의 얼굴 위엔 스러져 가는 저녁 빛이 물들어 있었다. 표정 없이 멍하게 풀린 눈에는 왜인지 모를 쓸쓸함이 묻어났다. 아무것도 말할 수 없던 식민지 조선 여성의 슬픔이 아니었을까.

서울 종로 명월관은 일제강점기 일본과 조선의 고관대작들이 즐겨 찾는 요정이었고, 당시 명월관 최고의 기생은 '명월이'로 통칭됐다고 한다. 이중섭의 스승으로 알려진 화가 이시이 하쿠테石井柏亭는 1918년 조선에 와서 명월관 최고의 명기名妓인 '홍련'이라는 여인을 만나 사랑에 빠졌고 홍련과 이시이의 사랑은 장안의 화제가 됐다. 여러 가지 정황으로 볼 때 그림 속의 '홍련'이 바로 표본의 주인이라고 생각하여 이시이의 행적을 추적해 보기로 했다.

도쿄에서 특급열차로 3시간을 달려 마쓰모토 시에 도착했다. 밤새 알지 못할 두근거림에 뒤치락댄 탓에 조금 힘든 아침을 맞았다. 약간

〈홍련화〉 1919년 이시이 하쿠테 작품으로, 일본 마쓰모토시립미술관에 소장되어 있다.

충혈된 눈으로 나간 아침 식사 자리, 다른 일행들의 얼굴에도 엷은 고단함이 깔려 있었다. 간단한 아침 식사 후 우리는 마쓰모토시립미술관으로 향했다.

날씨는 좋았다. 일본의 알프스로 불리는 고산준령들이 위치한 나가노 현은 아침 햇살을 반사하는 설산雪山의 장엄함으로 우리를 맞아 주었고, 곳곳에 만발한 벚꽃은 사람들의 마음을 봄날의 따뜻함으로 이끌어 평화롭게 해 주었다. 그렇게 평안한 휴양 도시에 식민지 조선의 아픔을 적나라하게 간직한 한 점의 그림이 존재하리라고는 상상도 할 수 없는 일이었다.

일본화가 이시이 하쿠테가 그린 〈홍련화〉라는 그림을 보고 싶다는 나를 보고 마쓰모토시립미술관 측은 좀처럼 의아심을 내려놓으려고 하지 않았다. 시립미술관의 큐레이터 호소가와細川 씨는 의심이 가득 찬 얼굴로 "한국에서 이곳까지 와서 이 그림을 굳이 보려고 하시는 이유는 뭐죠? 그림 속의 여인과 무슨 관계가 있는 건가요? 우리가 이 그림을 소장하고 있다는 것을 어떻게 알고 계셨죠?"라고 꼬치꼬치 캐물었다. 상설 전시하고 있는 그림도 아니고, 존재 자체가 그다지 알려지지 않은 그림을 찾아내서 특별 열람을 신청하는 이유가 미심쩍었던 것이다.

최근까지 국립과학수사연구소(이하 국과수)에는 '조선 여인의 생식기 표본'이 하나 존재하고 있었다. 구전口傳에 의하면 이 표본은 일제 강점기 명월관 기생 '명월이'의 생식기로, 그녀의 사후 일제에 의해 적출되어 표본이 된 뒤 현재까지 전래되었다고 한다. 기생 명월이와 동침한 남자들이 연달아 복상사로 죽는 일이 발생했는데, 이를 궁금하게 여긴 일본 경찰이 그녀의 사후에 성적 호기심으로 만든 표본이라

마쓰모토시립미술관 방문 마쓰모토시립미술관 담당자와 〈홍련화〉라는 그림에 대하여 면담 중이다.

고 한다.

　처음 '기생 명월이 생식기 표본'에 문제를 제기하겠다고 했을 때, 대부분의 사람들은 "스님이 기생 아랫도리에 시비하면 세상 사람들 입에 오르내리기 십상"이라며 걱정스러운 얼굴로 그냥 놔두라고 말했다.

　그렇다. 생각만으로도 망측한 일이었다. 나 역시 조용히 넘어가려고 했지만, 불행한 삶으로 얼룩진 한 여인의 원혼이 끝끝내 나를 놓아 주지 않았다. 급기야 그녀는 몇날 며칠을 꿈속으로 찾아와 자신의 억울함을 호소해 왔다. 세상의 밑바닥에서 노리개로 산 여인도 인간이 아니겠느냐고, 기녀라는 이유로 가장 숨기고 싶은 부분이 표본으로 만들어져 사후에까지 농락당해도 좋은 것이냐고 울먹거렸다. 꿈에서 깨어나 한 명의 종교인로서 부끄러운 생각이 들어 다시 잠들 수가 없었다.

국과수에 보관된 명월이의 '생식기'

옳지 않은 일을 보고도 뭇사람들의 왜곡된 비난이 두려워 외면하는 것은 진정한 승려의 길이 아니라는 생각이 들었다. 며칠을 고민하다가 노스님을 찾아가 이런 사항을 조심스럽게 상의 드렸다. 노스님께서는 "일본 놈이나 조선 놈이나 다 같이 나쁜 놈들이구먼. 제 나라 처녀가 일본 놈 손에 농락당한 줄 알면서도 여태 그걸 보관하고 있었단 말이지? 네가 가서 혼 좀 내 주거라."라는 뜻밖의 격려 말씀을 해 주시는 게 아닌가.

그 말씀에 용기를 얻어 서울중앙지법에 '여성 생식기 표본 보관 금지 청구의 소'를 접수했다. 여성의 생식기를 본인의 의사와 관계없이 표본으로 만들어 보관하는 것은 망자亡者에 대한 예우가 아닐 뿐더러, 심각한 인권 침해라고 할 수 있는 일이다. 나는 이 사건을 일제가 저지른 인간 존엄성에 대한 심각한 도전이라고 받아들였다. 또한 일제의 반인륜적 만행의 결과물을 현재까지도 보관하며 합당한 조치를 취하지 못하는 것도 이해할 수 없는 일이었다.

소송 과정에서 우여곡절은 많았다. 무슨 중놈이 기생 생식기에 관심이 많으냐는 비난뿐만 아니라 위자료 청구 부분에 관해서는 '돈에 눈먼 중'이라는 지탄까지 함박눈처럼 쏟아져 내렸다. 법률가들에게도 호된 비판이 쏟아져 나왔다. 인권 침해 요소는 인정하지만, 유족이 아닌 입장에서 표본의 처분을 주장하는 것은 당사자가 아니므로 적격이 아니라는 지적이었다. 하지만 나는 인간 존엄성에 도전한 반인륜적 행위에 인간이면 누구나 당사자가 될 수 있다고 생각했다. 진실과 정의에 입각해서 인간 존엄성을 침해하는 어떤 부조리와도 싸우겠다는 각오였다. '재판'을 통해 '사회적 약자' 혹은 '특수한 신체'를 가졌다는 이유로 인간의 신체 일부가 표본으로 만들어져서는 안 된다는 사실을 말하고 싶었다. 재판은 언론의 관심을 받았고 국과수의 현장 검증을 통해 만천하에 표본의 실체가 드러났다. 표본은 의료적 관점에서 만들어진 것이 아니라 일반인의 가학적 행위에 의해 난도질되어 있었고, 여성의 자궁 전체를 들어낸 끔찍한 모습이었다. 재판부도 그런 끔찍한 모습에 놀라는 기색이었다. 또한 재판 과정에서 시민들의 제보로 새로운 사실들이 드러났다. 국과수는 이 표본을 공개적으로 진열해 놓았고, 심지어 견학 가서 구경했다는 고등학교 남학생들도 있던 것이다. 이 사건은 인간의 마성魔性에 대해 다시 생각하게 했다. 이 끔찍한 표본을 보고 많은 사람들이 손가락질하며 키득거려 왔다는 웃지 못할 사실과 이제까지 아무도 표본의 반인륜성을 문제 삼지 않

서울중앙지방법원
2010년 1월 17일 서울중앙지법에 '여성 생식기 표본 보관 금지 청구 소송'을 접수하였다.

조선 여인 생식기 표본 사건 ― 명월이를 만나다

표본보관장소

국과수-보존

국립과학수사연구소의 생식기 표본 보관 현황
표본의 모습이 얼마나 끔찍했는지 국과수가 초점을
흐리게 하여 표본 사진을 제공했다.

앉다는 점이다. 오히려 '견학용'으로 잘 있는 표본에 왜 문제를 제기하
느냐는 항의 전화까지 빗발쳤다.

처음부터 이길 수 있으리라고 생각하지는 않았다. 그러나 이 사건
을 통해 우리에게 내재한 마성을 돌아보는 계기가 될 수만 있다면, 얼
마든지 패배의 길을 걸어갈 준비가 되어 있었다.

결과는 예상했던 대로 나의 패소로 끝났다. 재판부는 내가 표본과
아무런 관련이 없다는 이유로 기각 결정을 내렸다. 그러나 검찰의 지
휘하에 표본은 재판 이후 바로 폐기되었다.

재판은 싸움의 한 가지 방식일 뿐이다. 또한 재판의 승패가 문제를
본질적으로 변화시키는 데에는 한계가 있다. 다만 소송의 취지가 무
엇인지, 한 스님이 왜 그 길을 걸어가는지에 대해 조금이라도 공감하
는 사람이 생겼다는 것에 만족한다. 그들의 공감과 그로 인해 각성한
의식이 다시는 이런 반인륜적 행위가 되풀이되는 것을 막을 수 있을

것이라고 굳게 믿는다.

2010년 경술국치 100년을 맞으며 누군가에게서 이런 말을 들었다. 인터넷에서 '안중근'을 검색하면 '도시락 폭탄'이라는 연관 검색어가 뜨는 나라에서 경술국치 100년이 무슨 의미가 있겠느냐고. '안중근'과 '윤봉길'을 구별하지 못하는 그런 슬픈 시대에 명월관 기생 초상화 그리고 국과수에 보관된 조선 여인의 생식기 표본이 무슨 의미를 줄수 있겠느냐고.

그러나 이 한 장의 그림이 우리가 무엇을 빼앗겼으며 무엇을 찾아야 하는지를 분명히 보여 주는 계기가 되기를 바란다. 나아가 조선의 아름다움을 유린당하고도 분노할 줄 모르는 사람들에게 종살이 근성을 떨쳐 버릴 수 있는 한 줄기 빛이 되기를 소원한다.

| 〈홍련화〉 앞에서 영가의 왕생극락을 기원하고 있다. |

2010년 8월 봉선사에서 열린 일제피해자 영가 천도재
생식기 표본을 폐기한 뒤 위령 천도재를 봉행하고 있다. 살풀이춤을 추는 장면.

명월 이를 애도하며

명월아!

이제 나래를 펴고

경망한 네 나라를 깨우러

두둥실두둥실 하늘 높이 솟아라.

식민지 백성의 어리석은 키득거림이

월인천강月印千江의 노래로 변하여

삼천리 방방곡곡에 울려 퍼지게

나라 잃은 못난 사내들의

시름겨운 취기를

어르고 달래던

기생의 몸은 그만 버리고

본래의 네 모습

관음보살의 정신만 추슬러

춤사위처럼 너울너울 오너라.

명월明月이 천산만락千山萬落에 아니 비친 데가 없구나.

사라진 명성황후의 표범 카펫

'명성황후 표범 카펫', 국립중앙박물관에 있었다

2010년 5월 25일 저녁 국립중앙박물관은 "25일 문화재청으로부터 명성황후 표범 카펫과 유사한 유물이 박물관에 소장돼 있는지 공식적으로 확인 요청을 받았다."며 "미국 잡지『라이프』에 등재된 사진과 유사한 표범 가죽으로 만든 카펫이 국립중앙박물관에 소장돼 있다."고 말한 뒤, 26일 10시 언론에 표범 카펫을 공개했다.

경험을 통해 물론 알고 있었지만 정부 당국은 언제나처럼 무뚝뚝하고 비겁했다. 그들의 언어 속에는 권력을 가진 자가 풍겨 내는 특유의 오만함과 상대방을 무시하는 어투가 습기처럼 축축하게 깔려 있다. 온갖 고생을 하면서 1년 넘도록 '명성황후 표범 카펫'의 행방을 찾아 왔던 사람들에 대한 배려는 고사하고, 파리 떼가 왱왱거리기에 귀찮아 죽겠다는 듯한 표정으로 손을 휘휘 내저으며 볼멘소리를 내고 있었다. 아마도 속으로 "봐, 우린 잘 보관하고 있었어. 잘 있는 물건 가지고 왜 이렇게 시끄럽게 난리를 치는 거야?"라고 말하고 있었으리라.

명성황후의 표범 카펫을 확인하는 모습

당일 나는 인사동에서 최봉태 변호사(히젠도 환수위원장)를 비롯해 '문화재제자리찾기' 회원들과 식사 중이었다. 저녁 식사 자리는 5월 18일 감사원에 제출한 '명성황후 표범 카펫' 국민 감사 청구의 향후 대책을 논의하기 위함이었다. 국민 감사 청구는 301명의 '문화재제자리찾기' 회원과 봉선사, '조계종중앙신도회' 사람들의 서명을 통해 이루어질 수 있었다. 하지만 감사원에 문서를 접수하면서부터 불협화음이 발생하기 시작했다. "국민 감사 청구는 불법 사항 등 명확한 이유가 있어야 하는데 60년 전에 일어난 일로 정부 부처를 감사하는 것은 쉽지 않은 일"이라며 감사원이 난색을 표하였기 때문이었다. 감사를 청구한 배경에는 문화재청과 외교부 모두가 '명성황후 표범 카펫'의 행방에 대해 아는 바가 없다고 발뺌하는 상황을 타개하기 위한 불가피한 선택이었다. 최봉태 변호사는 감사원의 지인에게 '명성황후 표범 카펫'의 중요성을 일깨우겠다며 즉석에서 전화를 걸어 감사원의 노력을 부탁해 주시기도 했다. 그런데 바로 그때, 알고 지내던 『내일신문』 김성배 기자에게 전화가 걸려 와 국립중앙박물관이 내일 명성황후 표범 카펫을 공개할 것이라는 내용을 전해들었다. 잠시 황당한 시간이 흘렀다. 나는 순간 2006년 5월 29일 일본 도쿄에서 들었던 『조선왕조실록』 오대산 사고본의 반환과 관련한 갑작스러운 서울대의 기자 회견 사건이 머릿속에 떠올랐다.

슬프게도 나쁜 예상은 잘 빗나가지 않는다. 이제까지 보여 주었던 모습 그대로를 '명성황후 표범 카펫' 사건에서도 답습해 가고 있었다. 국립중앙박물관은 문화재청의 요청에 의해 소장 사실을 확인하게 되었다고 하고, 문화재청은 사건 경과에 따른 아무런 입장 발표도 하지 않았다.

이 사건이 어떻게 전개되어 왔고, 왜 표범 카펫을 공개하기에 이르렀는지, 거기에는 어떤 사람들의 험난한 운동이 있었는지 정부는 애써 외면하려 하였다. 민간 운동이 성과를 얻으면 정부 기관의 무력함이 드러나기 때문이라고 생각하는 것일까?

국립중앙박물관이 '명성황후 표범 카펫'을 찾아내기까지 어렵고 힘든 과정을 함께해 준 많은 사람들에게 고맙다는 말을 국가를 대신해서 내가 하는 수밖에 없는 것일까? 국가 기관은 실상 그대로 "시민 단체의 문제 제기 후에 잘 몰랐던 사실을 알게 되었다. 시민 단체의 역할에 감사하며, 앞으로 이런 일이 없도록 노력하겠다."라고 왜 말할 수 없는 것인지 답답한 노릇이었다.

미국으로 불법 반출되었던 명성황후 표범 카펫

2009년 상반기 미국 보스턴 미술관이 소장한 '라마탑형 사리구'의 반환운동을 진행하기 위해 뉴욕에 머물고 있었다. 거기서 6·25전쟁 때 미국으로 불법 반출된 '명성황후의 표범 카펫'이 미 국무부 관리 아델리아 홀 여사에 의해 한국으로 반환되었다는 이야기를 들었다.

귀가 번쩍 뜨여 뉴욕 공립도서관의 검색 시스템을 이용해 당시 미국 언론에 보도된 표범 카펫에 대한 기사를 검색해 보았다. 과연 『라이프』를 비롯한 수십 개 언론들이 당시 상황에 대해 상세하게 남겨 놓은 보도 흔적들을 찾을 수 있었다.

미국 콜로라도 푸에블로에 거주하는 에브론 길트너(당시 27세) 병사

길트너 병사 1951년 10군단에 근무하던 모습을 『라이프』 기자가 촬영했다.

는 서울의 골동품상에서 단돈 25달러에 '표범 카펫'을 구입하여 골동품 수집가인 고향의 부모님께 소포로 보냈다고 한다. 표범 48마리의 가죽으로 만들어진 가로 2.5m, 세로 5.6m의 이 카펫은 집 안에서 사용하기에 너무 커서 길트너 부부는 모피 판매상 조지프 R 시몬스에게 보관을 의뢰했다고 한다. 심상치 않는 물건이라고 여긴 시몬스가 한국에서 건너온 이 카펫에 대한 이야기를 기자들에게 말해 외부로 알려지게 되었다.

당시 뉴욕 주재 한국 총영사관은 신속하게 반환을 요청하는 성명서를 발표했다. '이 표범 가죽은 가치를 헤아릴 수 없는 국보급 보물로서 서울 경복궁의 명성황후 궁실에서 사용하던 카펫'이라는 내용이었다.

미국 군 수사기관(CID)은 보도 이후 길트너 병장을 조사했고, 불법 해외 문화재 반입 경위를 확인하기 위해 한국 골동품상을 직접 방문하여 조사하기도 했다. 미국 정부는 한국 정부의 요구를 수용, 콜로라도 덴버 세관을 통해 길트너 부부가 지닌 표범 카펫을 압수하였고,

1951년 8월에서 1952년 2월 사이에 한국 정부로 반환했다고 한다. 이와 같은 내용은 『라이프』, 『새러소타 헤럴드 트리뷴』 등의 신문, 그리고 메릴랜드 국가기록보존소에 보관된 미 국무부 문서 「아델레아 홀 레코드」*에 상세하게 기재되어 있었다.

다시 사라진 명성황후 표범 카펫

미국에서 되돌아 온 뒤, 명성황후 카펫에 관한 우리 정부 측의 기록을 여기저기 수소문해 보았지만 희한하게도 그 종적을 찾을 수 없었다. 결국 외교통상부, 문화재청, 국가기록원 등에 1951년 8월부터 1952년 2월 사이 주미 한국 대사관이 미국 측으로부터 표범 가죽 카펫을 반환받은 사실이 있는지, 또한 반환받았다면 표범 가죽 카펫은 지금 어디에 소장되어 있는지에 대해 정보 공개를 청구했다. 하지만 놀랍게도 우리 정부 기관은 그런 기록이 존재하지 않는다는 답변을 보내 왔다.

국가기록원의 답변

귀하께서 문의하신 내용과 관련하여 국가기록원 소장 기록물 중에서 표범 가죽 카펫을 반환받은 기록이 있는지 여부를 확인해 보았으나 국가

---

* 전쟁 당시에 미군들이 가져간 우리 문화재에 대한 기록이 적혀 있다.

기록원 소장 기록물 중에서 확인되지 않았음을 알려드립니다.

외교통상부의 답변

외교통상부 본부 외교사료관에서 조사한 바에 따르면, 1951~1952년 사이의 문서상에 상기 표범 가죽 카펫 관련 기록은 존재하지 않습니다. 주미 대사관에서도 자체적으로 단서가 될 만한 관련 문서 및 물품 등을 조사해 보았으나 카펫의 행방에 단서를 제공해 줄 만한 기록은 찾을 수 없었습니다.

미국 측 기록에는 분명 한국 정부에 반환한 것으로 기재되어 있는데, 우리 정부 측 기록에는 반환 여부가 확인되지 않을 뿐만 아니라 물건 자체의 행방을 찾을 수 있는 단서조차 없는 상황이었다. 이런 상황을 정리해서 '문화재 제자리 찾기' 운동에 관심을 기울여 주던 『주간조선』 김대현 기자에게 취재를 부탁했다. 김대현 기자는 문제의 심각성을 인지하고 2010년 5월 표지 기사로 「명성황후의 표범 48마리 카펫 어디로 사라졌나」라는 보도를 내보내 주었다.

국립중앙박물관 수장고에서 발견된 명성황후 표범 카펫

우리는 『주간조선』 보도에 힘입어 300명의 회원 서명을 받아 감사원에 '국민 감사'를 청구했고, 감사 청구 7일 만에 문제의 카펫은 다름 아닌 국립중앙박물관 수장고에서 발견되었다. 그런 우여곡절을 통해

명성황후 표범 카펫 관련 기사
명성황후 표범 카펫에 대한 기사가 상세히 보도되었다.
(『주간조선』 2106호, 2010.5.17.)

반환된 문화재임에도 불구하고 국립중앙박물관은 사실을 정면으로 직시하지 않았다. 그들은 소재 파악도 하지 못한 채 60년 동안 단 한 번의 공개 없이 문화재를 수장고에 방치해 왔던 사실을 감추기 급급했고, 마치 스스로 찾아내서 공개하는 듯한 인상을 심으려고 노력했다. 시민 단체와 민원인들의 노력으로 '명성황후 표범 카펫'의 소재를 확인한 사실에 대해서는 한 마디의 언급도 없었다. 더욱 실망스러웠던 것은 역사적 유물의 공개에 앞서 '미국으로부터 반환받은 문화재인지 확정할 수 없다.'는 입장을 표명했을 뿐 아니라 '표범 카펫'과 '명성황후'는 관련이 없다고까지 사실 관계를 부정해 버린 내용이다. 게다가 국립중앙박물관의 해명은 다음과 같이 뭔가 석연치 않은 변명들로 점철되어 있었다.

카펫은 표범 가죽이 아니라 호랑이 가죽이었는가?

국립중앙박물관은 표범 카펫의 소장 사실을 공개하면서, 유물 번호 '덕근 201호'라는 자료를 공개했다. '덕근 201호' 목록에는 표범 가죽 '표피豹皮'가 아니라 호랑이 가죽 '호피虎皮'라고 기재되어 있음을 알 수 있다. 문제의 카펫은 호피豹皮로 만든 것이 아니라 표피豹皮로 만든 것임을 상기할 때 이것이 정확한 유물 목록이라는 사실을 인정할 수 없게 한다. '표피'를 '호피'로 잘못 기재한 것으로 이해한다면 국립중앙박물관 학예사가 호피와 표피를 구분할 수 없는 정도의 수준이라는 것을 인정하는 꼴이 되어 버리고 만다. 또한 표범 카펫은 단순히 '호피'라고 기재할 유물이 아니라는 것이다. '호피'가 지시하는 대상물은 호랑이 가죽 자체를 지칭하는 것이지 가공된 카펫을 지칭하는 것은 아닐 것이기 때문이다.

국립중앙박물관이 제시한 유물 목록
덕근 201호 목록이 虎皮라고 기재되어 있는 것을 확인할 수 있다.

따라서 국립중앙박물관이 제시한 '덕근 201호'라는 유물 목록은 다른 유물(호피 자체를 지칭한다고 판단함.)의 목록일 것이고, '표범 카펫'은 유물 번호조차 없었던 것이 아닌가 하는 의문을 떨쳐 버릴 수 없다.

1951년 한국 영사관은 거짓말을 한 것인가?

'문화재제자리찾기'가 정부 기관에 수차례 질의해 본 결과, 우리 정부는 「아델리아 홀 레코드」의 존재 자체를 모르고 있는 실정이었고, 국립중앙박물관도 마찬가지였다. 그렇다면 이 유물의 반출 경위, 반환 경위, 반환 논의 과정을 전혀 모르는 상태에서 내려진 판단은 너무나 경솔하다고 할 수밖에 없다. 따라서 「아델리아 홀 레코드」의 자료를 입수하여 신중한 검토가 이루어진 후 명성황후와 표범 카펫의 관계를 정의해야 마땅한 것이다. 아무 자료도 없는 상태에서 국립중앙박물관이 표범 카펫과 명성황후와의 관련성을 부정하는 것은 바람직하지 않다.

일단 미국 신문 기사는 1951년 당시를 기자가 직접 취재해서 남긴 보도이므로, 지금보다 훨씬 많은 양의 주요 정보를 담고 있다. 당시의 기사들은 표범 카펫의 주인이 명성황후였음을 대단히 중요하게 다루고 있다. 당시 뉴욕 주재 한국영사 데이비드 남궁은 "이 표범 카펫은 한국의 궁궐에 있었고, 명성황후가 사용하던 것"이라는 성명서를 발표하였고, 미국 정부에 공식 반환을 요구했다고 한다.(『헤럴드 트리뷴』, 『라이프』 등 보도) 남궁 영사가 이러한 성명서를 발표한 이면에는 대한민국 정부로부터 확인 절차가 있었음을 추정할 수 있다. 당시 『라이프』는 사진 기자를 직접 서울에 보내 도난당한 장소까지 명기하고 있

THE SERGEANT'S SOUVENIR

A 48-pelt leopard rug, stuffed in a duffel bag, arrives from Korea and the result is an incident

QUEEN MIN, Korea's last empress, was butchered and burned in 1895 by Japanese.

For years Hugh V. Giltner, a wholesale grocer in Pueblo, Colo., and his family have been enthusiastic collectors. Their household gallery grew to include a wide, though not very precious, assortment of treasures: from pebbles off the Pyramids in Egypt to match covers collected in Colorado. Last May, Mrs. Giltner received a letter from her 27-year-old son Elverne (above), who is a sergeant in Korea. "I have been able to pick up a Korean rug," he wrote. "I think it's pretty nice. I'm sending it to you and Dad." Elverne had already sent home such knickknacks as a black lacquer chest and a beer-can lamp.

On June 16 the Giltners received a bulging duffel bag bearing $39.20 in airmail stamps. Stuffed inside was an 1876- by 8-foot leopard skin carpet (left), too big even for their living room floor. Not knowing where to put it, they finally sent it to Joseph R. Simmons' Fur Co. for storage. Simmons told reporters about the mammoth leopard skin, and Korea's consul general in New York promptly announced that this was a priceless national treasure missing from Queen Min's Palace in Seoul. Sergeant Giltner explained he had spotted the rug on a peddler's cart in April and had bought it for 150,000 won ($25 at the open-market rate). For three months he had lugged the cumbersome carpet around Korea before airmailing it home. On Aug. 1, U.S. customs agents seized the Giltners' most celebrated trophy. They claimed the sergeant had declared it as a gift while writing his parents "they could make a couple of thousand dollars selling it." Now impounded in Denver, it appeared that the sergeant's souvenir might soon be returned to Queen Min's palace.

◄— WITH POLICE GUARD MRS. GILTNER LOOKS FONDLY AT THE LEOPARD RUG

CONTINUED ON NEXT PAGE

SEOUL PALACE TO PUEBLO, COLO.

ROYAL PALACE in Seoul was looted when city changed hands four times during war. Priceless rug was believed stolen just before Reds came in January.

DRAWING ROOM in queen's palace originally was carpeted with leopard skin. On trips away from Seoul, King Yi Hsi took rug along for added warmth.

GILTNERS' HOME in Pueblo, Colo. had no floor space large enough for the queen's carpet. The living room of their $32,000 home is only 12 by 14 feet.

CONTINUED ON PAGE 38

「라이프」에 보도된 표범 카펫 기사 (1951.8.20)

음을 참고할 때, 표범 카펫이 명성황후와 관련성이 있다는 것을 어렵지 않게 확인할 수 있다.

게다가 「아델리아 홀 레코드」에 나타난 '한국 측으로부터 전달받은 기록'에는 명성황후, 창덕궁과 같은 메모 자료, 서신 등이 남아 있다. 그럼에도 국립중앙박물관이 1951년 당시 한국 정부의 입장과 상반되게 명성황후와의 관련을 부정하는 것은 무슨 까닭인가? 국립중앙박물관의 이런 자세는 "당시의 한국 정부가 표범 카펫을 반환받기 위해서 거짓말을 했다."고 말하는 것과 다를 게 없다.

이화 문양은 명성황후 소유품임을 부정하는 증거가 될 수 있는가?

국립중앙박물관은 이화 문양이 존재한 것은 대한제국의 성립 이후이므로, 표범 카펫과 명성황후의 관련성이 없다는 결정적 단서라고 말하고 있다. 그러나 이화 문양은 황실 재산을 표기하거나 황제가 사용한 것임이 판단될 때 얼마든지 나중에라도 부착할 수 있는 것이기에 그것을 결정적 단서라고 말할 수 없다. 『라이프』 기사에는 황제가 겨울 여행에 이 카펫을 사용한 적이 있다는 단서를 달고 있다. 궁궐 밖으로 겨울 여행을 떠난 사람은 조선 역사상 순종밖에 없으므로, 순종이 겨울에 지방 순시 중 이 카펫을 사용했다고 추정할 수 있는 것이다. 그렇다면 후대에 황제가 사용했음을 기념하기 위해 얼마든지 표범 카펫에 이화 문양 장식을 넣을 수 있는 것이다. 그럼에도 불구하고 단순히 이화 문양이 있다고 해서 명성황후가 사용한 물건이 아니라고 단정하는 것은 학문적 엄밀성이 떨어진다고 할 수 있다.

중국산 표범이 왜 부정의 근거가 되는가?

국립중앙박물관은 국내 대학과 서울대공원 동물 연구실 등 전문 연구 기관에 유전자 분석을 의뢰해 이 유물의 재료가 중국에 주로 서식하는 북중국 표범(학명 Panther Pardus japonensis)의 가죽으로 만들어졌다는 결론을 얻었다고 발표했다.(「국립중앙박물관 "표범 카펫, 명성황후와 관련 없다"」, 『연합뉴스』, 2010.7.21.)

그런데 중요한 것은 중국 표범이건 한국 표범이건 그게 왜 명성황후 카펫과 연관성이 있는지의 문제이다. 표범 유전자 검사를 했다면, 48마리 가죽 모두에서 시료를 채취해서 분석해야 객관성을 얻을 수 있다. 단지 한 두 군데에서 시료를 채취한 뒤, 이것이 중국산 표범으로 판명되었다고 해서 중국산 표범으로 밝혀졌다는 신뢰성 없는 발표에 무슨 말로 어떻게 대응해야 좋을지 판단이 서지 않는다.

표범 카펫은 명성황후가 남긴 유일한 유물이자 한국 근현대사의 격동을 증언해 주는 것이다. 신중에 신중을 기울여 경위를 조사하고 전시해야 할 유물을 방치했던 것은 국립중앙박물관의 커다란 과실임을 지적하지 않을 수 없다. 자신의 과오를 덮기 위해 표범 유전자 검사가 짐짓 과학적 조사인 것처럼 위장하고, 중국산 표범이기에 명성황후 표범 카펫이 아니라는 주장은 너무나 지나친 경솔함이 아니겠는가.

물론 국립중앙박물관이 왜 이 표범 카펫을 미국에서 반환받은 물건으로 확정할 수 없다고 말하는지, 그리고 왜 명성황후의 유물이 아니라고 말하는지 짐작할 수 있다. 지난 60년 동안 표범 카펫이 어디에 있는지 소재 파악도 못하고 있었던 초라한 현실을 부정하고 싶은 심정임을 이해 못할 일도 아니다. 게다가 최근에 반복된 잦은 이사로 수장고의 유물들을 아직 분류조차 못하고 있기에 소재 파악이 어려웠던 정황도 있었을 것이다. 그럼에도 불구하고 사실 자체를 왜곡하여 무조건 부정하고 책임을 회피하는 자세는 바람직하지 않다. 그것은 수년간 표범 카펫의 행방을 수소문했던 사람들의 노력에 대한 기본적인 예의에도 어긋나는 태도이다.

문득 뻑뻑한 눈을 감고 이순신 장군을 회상해 본다. 7년 전쟁을 국가의 아무런 지원 없이 혼자 싸워 나가야 했던 그의 지친 어깨가 떠오른다. 아무도 알아주지 않아도 가야 할 길을 가는 외로운 사람들의 발걸음이 묵직하게 마음에 와 닿는다.

그들을 보면 나는 가끔 원균이 되고 싶다. 남이 목숨을 걸고 싸워 얻은 전과戰果를 마치 제 것인 것처럼 꾸며 내는 탁월한 재주, 전쟁이 끝나면 적들의 목을 잘라 자기의 전공戰功으로 위장하는 뛰어난 꾀를 지닌, 차라리 원균같이 유능한 사람이 되고 싶을 때가 있다.

한일협정으로 돌려받은 문화재
—

짚신이 문화재라고?

한일협정과 문화재 반환운동의 방향 전환

2004년 말 일본에서 수개월의 유학을 마치고 귀국한 뒤, 1965년 한일협정에 대한 공부를 시작했다. 도대체 무슨 조약을 어떻게 맺었기에 『조선왕실의궤』와 같이 국가 정체성에 관련된 문화재를 빼앗기고도 한마디 제대로 된 항의조차 못하고 있는지 이해되지 않았기 때문이다. 마침 2005년 8월 26일 한일협정에 관련된 모든 문서가 공개되었고, 국회 비서관으로 근무하는 어릴 적 친구를 통해 전문全文을 구할 수 있었다.

나의 관심은 당연히 문화재 반환과 관련된 '문화재 및 문화 협력에 관한 협정'에 있었다. 당시 우리 정부는 제5, 6, 7차 회담을 통해 국유와 사유를 따질 것 없이 총 4,479점의 반환 청구 품목을 작성하여 모두 반환할 것을 요구했지만, 일본은 문화재 반환에 대한 국제법의 근거가 없다며 약간의 품목만 자진 기증하겠다는 입장이었다. 반환과 기증의 명칭을 놓고 줄다리기가 있었지만 양측은 '인도引渡'라는 절묘한 용어로 절충했고, 그 결과 1,432점의 문화재가 우리 정부에게 인도

1965년 한일협정으로 돌려받은 문화재 중 하나이다. 현재 우정박물관 소장.

된 것이 주요한 내용이었다.

　반환된 1,432점의 문화재의 항목과 실물을 대조하다가 정말 기가 막혀서 한참을 웃고 말았다. 아니 한참을 속으로 울었다고 말하는 편이 정확하다고 할 것이다. 석굴암, 불국사의 특급 보물들을 약탈당하고 짚신 세 켤레와 막도장 20개, 집배원 모자, 영등포 우체국 간판 등을 되찾아온 우리 민족의 현실이 너무 가슴 아파서, 제국주의의 식민 통치를 겪은 백성에게 남아 있는 노예 의식이 너무 서러워서, 이것도 모르고 50년 동안 속아 온 핫바지 조선 백성이 불쌍해서, 우리를 속여 먹은 일본과 부패한 정권이 원망스러워서 가슴을 치며 울고 또 울고 싶었다.

　나는 우리에게 일어났던 이 사실을 믿을 수가 없었다. 짚신을 문화재라고 돌려주었던 일본의 의도는 무엇이었을까? 외무부 장관, 주일 한국 대사, 그리고 우리나라의 내로라하는 학자들이 가서 힘겨운 싸움 끝에 돌려받은 우리의 문화재. 그 눈물겨운 협상의 결과물에 이런 것들이 포함되어 있었다는 것을 어떻게 받아들여야 하는가? 그리고

82
빼앗긴 문화재를 말하다

그런 사실을 인지하거나 문제를 제기한 사람이 아무도 없었다는 것을 또 어떻게 생각해야 하는가? 이런저런 생각들이 꼬리에 꼬리를 물고 마음을 어지럽혔다.

그날부터 나는 문화재 환수운동은 정부 관료나 학자가 해야 할 운동이 아니라 '사상을 가진 사람' 혹은 '양심적 지성'을 가진 사람들이 진행해야 할 일이라는 것을 철저히 깨달았다. 지금 생각해 보면 그때의 각성이 정부에 문화재 반환운동을 촉구하는 것이 아니라 뜻을 같이 하는 사람들과 함께 직접 반환운동을 전개하는 방향으로 결정한 큰 전환점이었던 듯하다.

우정박물관에 전시된 짚신과 막도장

2010년 1월 15일 조계종중앙신도회 다실에서 2시간 반 정도의 인터뷰를 가졌다. 경술국치 100년을 맞아 한일관계의 새로운 변화를 모색하려는 『아사히 신문』의 특집'과 관련된 인터뷰였다. 그날 인터뷰의 주제는 '식민지 시기 일본으로 간 문화재'에 대한 것이었다.

『아사히 신문』의 기사는 굉장히 많은 의미가 있다. 『조선일보』·『중앙일보』·『동아일보』(이하 조중동)보다 발행 부수가 많은 일본의 주류 언론임과 동시에 『아사히 신문』 기사는 한일 양국의 주요 언론에 파급 효과를 일으킨다는 것을 경험상 알고 있었다. 매우 신중하고 약간은 격앙된 느낌으로 그날의 인터뷰를 진행했다.

『아사히 신문』의 서울 특파원과 2007년부터 세 번이나 만났다. 그

때마다 기자와 의궤 반환 문제에 대하여 심도 있는 대화를 나누었다. 그 내용들은 서울 특파원들의 신중한 검토를 거쳐 몇 번이나 기사화되어 일본 사회에 많은 반향을 일으켰다. 그러나 그 기사가 결정적인 역할을 담당하거나 언론 매체의 주목을 끌 정도는 아니었다. 『조선왕실의궤』가 일본에 있고, 그것의 반환을 요구하는 목소리가 한국 민간 단체에서 흘러나오고 있다는 정도의 반응이었다.

인터뷰가 끝나고 『아사히 신문』의 서울 특파원들과 조계사 옆의 우정기념관 건물을 찾았다. 우정국은 한국 최초의 우편행정관서로, 1894년 12월 4일 우정총국 청사의 개업 축하연에서 김옥균이 민영익을 비롯한 친청 사대당을 향해 칼을 휘두름으로써 갑신정변의 서막이 시작된 곳이기도 하다. 거기에는 한일협정으로 반환된 문화재 중에 '우정郵政 관련 문화재'가 전시되어 있었다. 그들에게 1965년 우리

서울 조계사 옆에 위치한 우정총국 전경(사적 제213호)
조선 후기 체신 업무를 관장했던 관청으로, 한국 최초의 우편행정관서이다.

가 되돌려 받은 문화재가 어떤 모습인지 보여 주고 싶었다. 그래야만 왜 한국인들이 문화재 반환에 그렇게 많은 감정을 드러내는지 설명할 수 있기 때문이었다.

우정박물관에는 앞서 말한 짚신, 집배원 모자, 막도장과 같은 것들이 전시되어 있었다. 그들은 다소 의아한 듯이 "이것도 문화재라고 받은 거예요?" 하고 물었다. 나는 좀 겸연쩍은 얼굴로 고개를 끄덕였다. 어색한 침묵이 흐른 뒤 "가야 금관, 백제의 왕릉 부장물과 같은 국보급 문화재를 빼앗기고 짚신과 집배원 모자 등을 돌려받은 것이 바로 1965년 한일협정입니다. 그것으로 문화재 반환이 종결되었다고 말한다는 것은 이른바 공의公義에 어긋나지 않을까요?"하고 석연치 않게 말을 이었다.

서로 할 말이 없었다. 그냥 국적과 민족을 떠난 무언가의 쓸쓸하면서도 머쓱한 시간들이 소리 없이 우리를 마구 스쳐갔다.

2주가 지난 1월 31일, 『아사히 신문』을 통해 그들이 써내려간 기사와 마주했다. 그 기사에는 『조선왕실의궤』 외에도 조선왕실의 도서 660책이 일본 궁내청에 있다는 내용, 1965년 일본이 되돌려준 문화재에는 짚신과 막도장 수준의 문화재들이 포함되어 있다는 내용이었다. 그리고 경술국치 100년을 맞아 한일 외교 당국자 사이에 문화재 문제가 논의되고 있다는 내용이었다.

이날의 보도는 커다란 파장을 일으키기 시작했다. 우리나라의 주류 언론들이 『아사히 신문』 기사를 인용하여 기사를 내보내기 시작했고, 조중동 모두 『조선왕실의궤』와 관련된 사설과 칼럼을 써서 의궤 반환의 당위성을 제기했다. 외교부 역시 『조선왕실의궤』 반환과 관련된 문제를 일본 외무성에 거론하겠다는 논평을 냈고, 그 내용은 다시

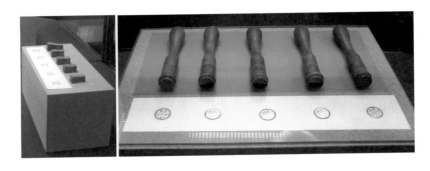

| **우정박물관에 전시된 도장** 한일협정으로 반환된 문화재 등 우정 관련 문화재가 전시되어 있다. |

『요미우리』, 『산케이 신문』을 비롯하여 32개 일본 언론사를 통해 일본 전역에 일제히 보도되었다. 『아사히 신문』 보도는 2010년 의궤 반환운동의 포문을 열었고, 드디어 4년의 시간을 기다려 온 『조선왕실의궤』 문제가 수면 위로 부각되기 시작했다. 수년간 이 사건을 주목해 온 『아사히 신문』의 역량이 낚아 올린 그야말로 '최고의 특종'이란 칭찬이 무색할 뿐이었다.

다만 왜 이런 '결정적 국면 전환'이 일본 언론을 통해 이루어져야 했는가의 문제만이 씁쓸하게 다가왔다. 우리나라의 언론이 스스로 자국自國의 문제에 관심을 갖고, 문화재 반환운동에 먼저 주목할 수는 없었을까? 『아사히 신문』이 보도해야만 국내 주요 언론이 받아 적는 이 현실을 경술국치 100년을 지낸 지금 곰곰이 생각해 본다. 일본 궁내청이 소장한 『조선왕실의궤』의 환수운동은 단지 문화재를 찾아오는 일이 아니라는 생각이 뼛속까지 차게 스몄다.

시대의 풍운아, 김옥균

도쿄에 갈 때면 종종 김옥균 묘지를 찾는다. 그가 묻힌 도쿄 시내 아오야마青山 공동묘지는 에도 시대 말부터 메이지 시기 일본에 머물면서 일본 근대화에 족적을 남긴 외국인들이 잠들어 있는 곳이다.

1894년 상해에서 암살당한 뒤, 김옥균의 유해는 조선으로 옮겨져 강화도 양화진에서 능지처참을 당하고 머리는 저잣거리에 효시梟示된 후 실종되었다. 나머지 몸체는 여덟 군데로 찢겨 조선 팔도 어딘가에 각각 버려졌다. 이후 그의 죽음을 안타깝게 여긴 일본인 지인들이 어찌어찌 손을 써 머리카락과 의복 등을 수습하여 일본 도쿄의 아오야마 공동묘지에 안장했다고 한다. 1895년 갑오개혁으로 개화당 내각이 들어서자 법무대신 서광범과 총리대신 김홍집의 상소로 사면·복권되었고, 아관파천 후 복권이 취소되었다가 1910년 다시 복권되어 규장각 대제학에 추증追贈되었다.

김옥균의 묘소 앞에는 당시 김옥균과 뜻을 같이 했던 개화파들이 1904년에 세운 비석이 있다. 박영효가 짓고 이준용(흥선대원군의 손자)이 글씨를 쓴 묘비명이 풍운아 김옥균에 대한 이야기를 무겁게 전해 주고 있었다.

> 비상非常한 재주를 지니고 비상한 시대를 만났으나 비상한 공을 이루지 못하고 비상하게 죽다.

그는 안동 김씨였지만, 가세가 기울어 본래 충청도로 낙향, 서당 훈장을 하던 아버지 밑에서 자라난 총명한 아이였다. 그 총명함이 외부

김옥균의 묘지 도쿄 아오야마 공원묘지에 개화파 지도자 김옥균의 묘가 있다.

에 알려져 안동 김씨 세도가인 김병기의 양자로 들어갔고, 이를 계기로 북촌의 명문자제들과 널리 교유交遊하며 지냈다. 그는 중인 계층의 유대치를 스승으로 모시고 봉원사 승려 이동인과 교유할 정도로 남다른 행적이 있었다. 갑신정변의 정강 14개조는 그가 문벌의 폐지, 만민평등과 같은 진보적 사상의 소유자였음을 여지없이 보여 주고 있다.

그가 살아 낸 격정의 인생은 다른 명문가 양반집 자제들과 달랐다. 그는 기득권을 누리며 세상에 안주했던 사람이 아니라 변화하는 세상을 직시하고 꿈꾸는 세상을 직접 구현하려 했던 행동하는 사상가였다. 글만 읽었던 보통의 문약文弱한 서생도 아니었다. 33세의 이글거리는 정열로 우정국 낙성식 날 직접 칼을 뽑아 수구대신들을 척결하던 그의 모습은 그의 신념과 기백이 어떤 것이었는지를 가늠하게 한다. 비록 비상한 성공을 이루지 못하고 삼일천하로 좌절, 일본 망명객의 신세로 전락했지만 홍종우에게 암살당하는 순간까지, 그는 이홍

장과 면담을 시도하는 등 꿈꾸는 세상을 향해 혼신의 힘을 다해 달려
갔다.

　김옥균의 묘 앞에서 나는 묻고 있었다. 일본의 힘을 빌려 개화를
하고 근대 국가를 건설하고자 했던 꿈이 펼쳐진 지금의 세상에 만족
하고 있느냐고.

함께 싸운 승리의 기록

내가 되찾고자 하는 문화재는 단순히 도자기나 그림, 서책 등이 아니다. 그 속에 민족
정신과 시대의 염원이 고스란히 내재되어 한민족을 깨울 수 있는 가치가 담겨 있는
것이라야 한다. 이처럼 유형의 문화재를 넘어 역사 정신과 시대정신을 담고 있는 신물
을 볼 수 있을 때 비로소 문화재 환수의 길이 열릴 것이다. (…중략…)

환지본처還至本處
모든 것은 제자리로 가야 한다.

조선 혼이 부르는 소리를 듣다
—

『조선왕조실록』 반환

조선 혼이 부르는 소리를 듣다

2004년의 여름, 무언가에 홀린 듯 결정적인 이유도 없이, 아무런 연고도 없는 일본 교토에서 일본어를 공부하며 혼자만의 시간을 보내고 있었다. 틈틈이 시간 날 때면 교토의 유서 깊은 사찰들을 둘러보고 문화 유적들을 탐방하며 이국 생활의 한가함을 즐기기도 하였다. 그때, 운명은 나를 교토의 한 고서점으로 보내『청구사초青丘史草』라는 한 권의 책을 만나게 했다.

일본 학습원 대학 교수이자 도쿄대 교수를 역임했던 '조선사' 연구의 권위자 쓰에마쓰 교수가 쓴 이 '한 권의 책'은 나의 인생을 바꿔 버렸다. 이 책에 수록된「이조실록고략」이라는 논문은 도쿄대 도서관 귀중본 서고에『조선왕조실록』이 소장되어 있다는 충격적 사실을 알려 주었다. '아니 왜『조선왕조실록』 원본이 도쿄대에 있는 것일까?'라는 의아한 생각에 책장을 넘기다가 첫 표지에 저자가 직접 써넣은 한 구절을 보고 소스라치게 놀랐다.

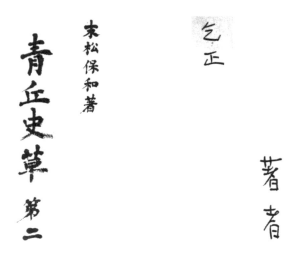

저자가 바로잡아 주시기를 청합니다.(著者乞正)

물론 저자는 누군가에게 책을 선물하면서 책 안에 수록된 글에 오탈자가 있거나 틀린 부분이 있다면 바로잡아 달라는 의도로 써넣었을 것이다. 그런데 묘하게도 당시의 내 눈에는 그 구절이 '도쿄대에 『조선왕조실록』이 소장된 사실, 한국의 국보급 문화재가 식민지 시기 부당하게 일본으로 피탈된 역사, 강자가 약자의 보물을 강탈한 문제를 바로잡아 달라.'는 부탁으로 읽혔다. 그 짧은 어구는 일본 지식인의 양심적인 호소, 일본에 짓밟힌 조선 혼의 절규, 내 인생을 새롭게 이끌 운명의 계시가 되어 마음속 깊이 울려 퍼졌다.

출범! '조선왕조실록환수위'

　귀국한 뒤 이 사실을 확인하기 위해 여러 학자들과 관계 기관에 질의를 하며 조사에 착수했다. 그 과정에서 계명문화대 배현숙 교수가 1984년과 1988년에 도쿄대 도서관에 가서 『조선왕조실록』과 관련된 사실을 직접 조사한 적이 있다는 것도 알게 되었다. 배현숙 교수를 만나 관련 자료를 수집, 반환운동의 중요한 증거들을 확보하게 되었고, 이를 계기로 반환운동의 중요한 전기를 마련할 수 있었다.

　1923년 관동 대지진 당시 화재로 인해 도쿄대 도서관에 있던 장서 수십만 권이 유실됐다. 그 뒤, 타고 남은 귀중본을 수습하여 목록을 작성했는데, 이것이 이른바 「대정 12년 이전 소장본 목록」이다. 여기에는 당시 연구실에 대출되어 화재를 면한 『조선왕조실록』 오대산 사고본의 기록이 적혀 있다.(계명문화대 배현숙 교수 제공)

　나는 『조선왕조실록』이 보관되어 있던 월정사를 방문하여 약탈의 경위를 입증하는 기록들을 찾아냈다. 월정사 성보박물관에 보관 중

| 조선왕조실록환수위 출범식 기자회견 |

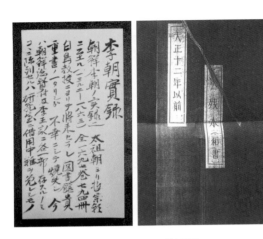

도쿄대 도서관의 『이조실록』에 붙어 있는 메모 라벨(왼쪽)**과 소장본 목록 표지**(오른쪽)
1923년 관동 대지진 당시 연구실에 대출되어 화재를 면했다는 내용이 적혀 있는 메모와 화재로 타고 남은 귀중본을 수습하여 작성한 도서 목록 표지이다.(사진 출처 : 계명문화대 배현숙 교수)

「오대산 사적」 『조선왕조실록』의 일본 반출 경위가 기록되어 있다.(월정사 성보박물관 소장)

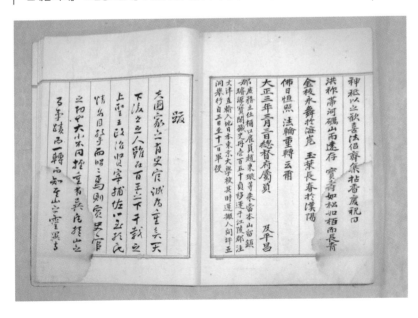

인 『오대산 사적』은 오대산 사고본의 유출에 대해 "총독부 관원 및 평창군 서무주임 히쿠치桶口 그리고 고용원 조병선趙秉璇 등이 와서 월정사에 머무르며 사고史庫와 선원보각에 있던 사책史冊 150점을 강릉군 주문진으로 운반하여 일본 도쿄대로 직행시켰다."고 기록하고 있었다.

약 1년 정도에 걸친 자료 조사와 사실 확인을 끝내고, 2006년 3월 3일 '조선왕조실록환수위'를 구성하여 정식으로 출범식을 가졌다. 처음 환수위를 발족發足하고 반환운동을 전개하려고 했을 때, 대부분의 사람들은 우리를 비웃었다. '어떻게 감히 한국의 민간단체가 일본 제국의 지성, 도쿄대를 상대로 싸움을 한다는 말인가.', '계란으로 바위 치기에 불과할 것이다.'라는 시각이 대부분의 문화운동가, 언론, 심지어 우리 정부 관료들에게까지 팽배해 있었다. 그러나 나는 진실은 언제나 상상할 수 없는 힘을 발휘하고, 혼이 담긴 계란은 얼마든지 바위를 깰 수도 있다는 것을 보여 주고 싶었다.

『조선왕조실록』, 고국의 품으로

2006년 5월 31일 도쿄대는 '『조선왕조실록』 오대산 사고본'을 우리나라로 되돌려주겠다고 전격 발표했다.

『조선왕조실록』의 귀환은 1965년 한일협정 이후 우리 품으로 돌아온 최초의 국보급 문화재이자, 약탈된 문화재 환수의 새로운 전기를 마련한 획기적 사건이었다. 그중에서도 조선시대 실록을 관리하고 있

| **일본 대사관 앞 시위** 「조선왕조실록」의 즉각 반환을 촉구하고 있다. |

던 불교계가 직접 나서서 법정 소송의 논리로 도쿄대를 압박한 것이
주요한 성공 요인이었다. 도쿄대는 소위 '일본 지성을 대표하는 기관'
으로서, 문화재 약탈자로 지목받으며 법정 소송을 진행한다는 것에
대단한 부담감을 가지고 있었다.

　우리는 재판을 진행하면서 이기고 지는 것에 연연하지는 않았다.
중요한 것은 약탈 문화재를 되찾기 위한 우리 민족의 열망을 보여 주
는 것이었고, 이 과정을 통해 실록이 우리 민족의 품으로 되돌아올 인
연을 만들어 가자는 입장이었다.

　반환이냐 기증이냐의 형식을 놓고 많은 사람들은 "어떤 형식으
로든지 돌아오는 것이 중요하다."라고 말한다. 이런 시각은 문화재
라는 '유형有形'에 지나치게 얽매여 그 속에 담긴 가치를 간과하고 있
는 경향이 있어서라고 본다. 사실 『조선왕조실록』은 이미 우리나라에

2,077책이나 있고, 거기에 오대산본 47책이 보태어진다고 해서 새로운 연구 성과가 기대되거나 비약적인 문화 발전의 발판으로 기여하는 일은 아니었다. '환수위'가 진정으로 되찾고자 했던 것은 '빼앗긴 민족의 자존심'과 '실록에 기록된 역사의 정신'이었다.

『조선왕조실록』 반환, 그 후

『조선왕조실록』 오대산 사고본은 1913년 불행했던 근대사의 격동 속에 데라우치 총독에 의해 머나먼 일본까지 건너가게 된 뒤, 우리의 기억 속에서조차 사라져 있었다. 2004년 도쿄대가 실록을 소장하고 있다는 사실을 확인한 뒤, 실록을 관리·수호했던 월정사와 실록을 조사·연구한 봉선사를 중심으로 시민 단체 및 국회의원 등과 함께 '조선왕조실록환수위'를 구성하여 2006년 3월 3일 정식 출범하였다. 그 뒤 대사관과 도쿄대에 반환 요청서를 전달하고 북한의 '조선불교도연맹(이하 조불련)', '재일거류민단' 등과 연대했으며 세 차례에 걸쳐 도쿄대와 반환 협상을 추진한 끝에 결국 값진 귀향을 이루게 하였다. 함께 뜻을 모은 사람들의 뜨거운 열정과 희생이 없었다면 불가능한 일이었을 것이다.

'환수위'는 반환 협상을 추진하면서 "강제 징용에 끌려간 형제를 찾는 마음으로, 위안부로 잡혀간 누이를 찾는 마음으로 협상에 응하겠다."는 의지를 밝혀 왔다. 우리는 약탈당한 문화재를 당당하게 반환받는 입장을 고수했고 그 외에 어떤 타협도 하지 않기로 했다. 따라서 이번 환수운동은 1965년 한일협정 당시 '문화재 청구권 소멸'과 '반

『조선왕조실록』오대산 사고본
문화재청은 도쿄대로부터 되찾은 47책을 국보 제151호 『조선왕조실록』에 추가 지정했다.

환 아닌 인도 및 기증'이라는 한계를 극복하는 것을 핵심으로 진행하
였다.

2006년 5월 29일, 나는 김원웅 의원(당시 국회 윤리특별위원장)과 함께
도쿄에 있었다. 도쿄대가 소장한 『조선왕조실록』 반환과 관련하여 다
음 날에 있을 회담에 참석하기 위함이었다. 도쿄대와 우리는 3개월에
걸친 회담을 통해 『조선왕조실록』 원산국 반환의 중요성에 대한 여러
가지 이야기를 나누고 있었다. 도쿄대는 5월 30일 중대 발표가 있다며
만남을 제의했고, 우리는 반환과 관련한 발표가 임박해 있음을 직감
하고 도쿄에 하루 전날 도착해서 대기하고 있는 상황이었다.

하지만 5월 29일 오후, 서울대는 기자 회견을 열어 "도쿄대가 소장
하고 있는 『조선왕조실록』 오대산 사고본 47책을 서울대가 기증받기
로 했다."고 알렸다. 『조선왕조실록』 반환운동과 아무런 상관없이 뒤
에서 수수방관하던 서울대가 마치 자기들이 스스로 반환운동을 벌

도쿄대와의 『조선왕조실록』 환수 협상

도쿄대 방문 『조선왕조실록』의 반환을 요청하고 있는 모습

되찾은 『조선왕조실록』
저자가 제자리로 돌아온 실록을
바라보고 있다.

여 왔고, 그 결과 『조선왕조실록』을 돌려받게 되었다는 식의 비겁한
기자 회견이었다. 정작 도쿄에 와서 다음 날의 회담 준비를 하고 있던
주요 관계자들의 뒤통수를 순식간에 때리는 어처구니없는 행동이었
다. 그들의 기자 회견 보도 자료에는 『조선왕조실록』 반환을 위해 애
써 왔던 사람들에 대한 이야기는 단 한 줄도 없었다. 왜 갑작스레 서
울대가 『조선왕조실록』을 반환받게 되었는지에 대한 답변으로 "프랑
스 외규장각 도서 반환을 위해 오랫동안 서울대가 노력해 온 결과"라
며 다소 생뚱맞은 이유로 적당히 둘러대고 있었다. 문화재청 역시 무
관심하기는 마찬가지였다. 사건의 경과를 정확히 알리기보다는 그냥
좋은 게 좋은 것 아니냐는 식으로 정부가 국민을 대표하여 물건을 받
았으면 됐지, 민간 운동을 얼마나 더 평가해 주어야 하느냐는 그런 권
위주의적인 인상을 강하게 받을 수밖에 없었다. 사회 일각에서는 '일
본의 양심 세력에 감사한다.'는 흐름이 있는 반면, 오히려 반환운동을
지속적으로 추진해 온 '조선왕조실록환수위'의 노력을 폄하하려는 시
각도 있었다. 심지어 우리가 『조선왕조실록』 반환운동을 전개한 단 하
나의 주도 세력이었다는 것을 알아주는 사람은 '도쿄대를 제외하고는

없다.'는 농담이 나올 정도였으니 말이다.

그럼에도 불구하고 감격스러운 『조선왕조실록』의 귀향은 상처받은 민족혼 회복에 기여하여 패배주의에 빠져 허우적대던 과거사를 넘어, 승리와 희망이 담긴 도전의 역사로 전환하는 계기를 마련해 주었다.

자칫 무모해 보였던 실록 반환운동의 첫걸음을 내디딜 때, 많은 이들의 빈정거림과 외면에도 아랑곳하지 않고 묵묵히 함께해 주신 여러 동지분들이 있었기에 가능한 영광이었다. 함께 길을 걸었던 그들의 초롱한 눈망울과 뜨거운 가슴을 기억하며 늦게나마 승리에 대한 감사의 기록을 남긴다.

실록 수호의 책임을 진 '실록수호총섭'으로서 민족과의 약속을 지키기 위해 지원을 아끼지 않았던 월정사 정념 스님, 실록의 조사 과정과 약탈 문화재 관련 자료 지원을 아낌없이 해 주신 봉선사 철안 스님, 반환운동의 시작부터 믿음과 격려로 용기를 북돋워 주신 2,000만 불자, 조불연, 재일거류민단, 국회의원 모임, 재일동포 김순식, 이춘희 변호사, 국내 언론 및 KBS 도쿄 특파원 김대회 기자 등에게 깊은 감사를 드린다. 또한 온갖 고생 끝에 도쿄대가 소장하고 있는 실록의 촬영에 성공, 반환운동에 커다란 도움을 준 MBC 〈시사매거진 2580〉 백승규 기자와 취재팀에게 다시 한 번 감사의 말씀을 전한다.

『조선왕조실록』 오대산 사고본이란?

　『조선왕조실록』은 태조부터 철종까지 25대 472년간(1392~1863)의 역사를 기록하여 1,893권 888책으로 만든 방대한 역사서로, 현재 한국 국보 제151호이자 유네스코 세계 기록 문화유산이다.

　임진왜란 이후 조선왕조는 선조宣祖 36년(1603) 7월부터 동왕同王 39년(1606) 3월 사이 유일한 현존본現存本인 전주 사고본全州史庫本을 모본母本으로 하여 복인復印하고, 오대산 사고에 초본草本 혹은 방본傍本이라고 하는 교정쇄를 보관했다. 그 이후 실록이 간행되는 대로 계속해서 오대산 사고에 봉안奉安했던바, 『태조실록太祖實錄』부터 『철종

| **오대산 사고** 강원도 평창군 진부면 월정사 북쪽 남호암 기슭에 있었던 사고로, 실록을 봉안했던 곳이다. |

실록哲宗實錄』까지, 곧 선조宣祖 39년 이후 1910년 일제강점기까지의 것이 계속 오대산 사고에 봉안되어 왔다.

1909년의 조사에 의하면 당시 오대산 사고에는 철종까지의 실록 761책, 의궤 380책, 기타 서책 2,469책, 모두 3,610책이 보관되고 있었다고 한다. 그러나 일본의 조선 점령 이후인 1914년, 조선총독 데라우치寺內에 의하여 오대산 사고본 일체가 도쿄대로 불법 반출되었다. 일본으로 간 오대산 사고본은 관동 대지진으로 거의 소실되고 총 74책이 최종적으로 남았다. 도쿄대는 그중 27책을 1932년 5월 당시 경성 제국대京城帝國大(현재 서울대)로 돌려주어 현재 서울대 규장각奎章閣 도서관에 보관되어 있다. 나머지인 성종, 중종, 선조 3대 왕대 실록 47책은 2006년 '조선왕조실록환수위'의 노력으로 국내에 돌아오게 되었다.

『조선왕조실록』 환수운동 경과

- **2004.8**   일본 교토 유학 중 도쿄대에 『조선왕조실록』 오대산 사고본 소장 사실 발견, 그 뒤 각계 전문가들과 함께 문제 제기를 위한 기초 조사 시작
- **2006.1.26**   혜문 스님의 질의서에 대해 문화재청이 도쿄대의 소장 사실 서면 확인(정보공개청구 민원에 대한 회신)
- **2006.1.29**   '조선왕조실록환수위원회' 결성을 위한 봉선사 준비 모임
- **2006.2.16**   '조선왕조실록환수위원회' 구성(MBC 〈뉴스데스크〉 보도)
- **2006.2.23**   변호사 선임 위해 혜문 스님 일본 방문 (김순식, 이춘희 동포 변호사 선임)
- **2006.3.1**   조선불교도연맹 중앙위원회의 '지지와 연대 성명서' 접수
- **2006.3.3**   '조선왕조실록환수위원회' 출범 기자 회견과 일본 대사관에 반환 요구서 전달
- **2006.3.8**   도쿄대에서 환수위원회의 협상 제의 수용
- **2006.3.12**   MBC 〈시사매거진 2580〉 '비운의 왕조실록' 방송
- **2006.3.15**   국회의원 노회찬 등 협상단 5명 일본 도쿄대와 1차 협상
- **2006.3.24**   문화재청 연웅(동산문화재과장), 강경환(문화재교류과장)과 간담회 개최
- **2006.4.13**   재일거류민단(단장 하병옥)이 도쿄대에 실록 반환 요청서 전달
- **2006.4.7**   국회의원 김원웅 등 협상단 5명 도쿄대와 2차 협상
- **2006.5.2**   '조선왕조실록되찾기국회의원모임' 결성

                      (김원웅, 홍문표, 이낙연, 노회찬, 류근찬, 강혜숙 등 전체 32명)

100년 만에 반납된 이토 히로부미 대출 도서

이토 대출 도서의 반환은 자발적 결정?

2010년 8월 경술국치 100년에 즈음하여 일본 총리 간 나오토는 담화에서 "조선총독부의 기증으로 일본으로 건너온 『조선왕실의궤』 등의 도서를 한국으로 인도하겠다."고 밝혔다. 이 담화에 수반하는 조치로써 일본 외무성은 1,205책의 품목을 확정하고, 11월 14일 요코하마에서 한일 양국 정상이 배석한 가운데, '한일 도서협정'에 서명했다. 1965년 한일협정으로 1,432점의 문화재를 한국으로 돌려준 뒤에, 최대의 문화재 반환이 이루어지는 역사적 순간이었다. 2010년 11월 『조선왕실의궤』를 비롯한 일본 궁내청 소장 도서를 원산국에 인도하기 위한 품목이 발표되었을 때, 그 세세한 항목을 집중해서 살펴보았다.

구체적인 목록은
① 『조선왕실의궤』 81종 167책
② 『증보문헌 비고』, 『대전회통』 등 100책의 한국 전적

③ 이토 히로부미의 규장각 대출 도서 938책

의 세 부분으로 구성되어 있었다.

『조선왕실의궤』의 반환은 4년여 동안 환수위의 운동이 있었기에 예측 가능했던 일이었지만, 이토 히로부미의 규장각 대출 도서가 포함된 것은 좀 뜻밖의 일이었다. 우리나라 언론은 『조선왕실의궤』의 반환에 주목하느라 규장각 도서에 주목하지 못했고, 일본에서도 규장각 도서를 반환해야 하는가에 대한 시비가 있었다. 이토 히로부미가 1906년에서 1909년 사이에 한일관계상 조사 자료로 사용할 목적으로 반출해 간 책 66종 938권은 총독부와는 상관없는 책이므로 일본 총리의 담화 내용에 부합하지 않는다는 주장이었다. 규장각 도서는 조선총독부가 설치되기 이전인 1909년 이토가 통감직을 그만두고 귀국할 때 가져간 책이기 때문이었다.

급기야 한일 도서협정을 국회 심의하는 과정에서 자민당의 의원들은 일본 외무대신 마쓰모토 다케아키松本剛明에게 이토 대출 도서를 반환 목록에 포함시킨 것에 대해 자초지종을 따져 물었다. 마쓰모토 외무대신은 "간 총리 담화의 정신에 걸맞다고 생각하여 대상에 포함했다."는 모호한 답변을 내놓았을 뿐, 왜 간 총리가 '조선총독부 기증'에 포함되지 않는 특정한 이토 대출 도서를 선정했는지에 대한 구체적 해명은 하지 않고 지나갔다.

일본 측은 간 총리 담화에서 국회 비준에 이르기까지 자발적 결정이었음을 강조, 한국 정부의 요청에 의해 반환 목록을 작성한 것은 아니라는 점을 분명히 밝히고 있었다. 우리 정부가 이토 대출 도서를 지목해서 돌려 달라고 요청한 것은 아니었기 때문이다.

100년 만에 돌아온 이토 히로부미 대출도서

그렇다면 일본은 왜 간 총리의 담화 내용과 어긋남에도 불구하고 938책이나 되는 규장각 도서를 한국으로 돌려주겠다고 자발적으로 결정한 것일까?

이토 대출 도서의 환수 문제를 말하다

2006년 5월 도쿄대의 『조선왕조실록』 반환 결정에 이어 곧 '소장처'를 둘러싼 논쟁이 시작되었다. 『조선왕조실록』의 귀환은 이제까지 진행된 문화재 반환운동에서 가장 커다란 사건이었고, 민간 주도의 운동을 통해 국보급 문화재가 돌아온 최초의 사례였기 때문에 정형화된 처리 지침을 갖고 있지 못했으므로 더욱 혼란스러웠다.

유홍준 문화재청장은 서울대와 '환수위'의 의견 차이를 조율하기 위해 6월 27일 여의도 세종클럽에서 간담회*를 개최했다.

바로 이날 '환수위'는 도쿄대를 문화재 약탈자에서 '선의의 기증자'로 탈바꿈시켜 준 서울대의 처사를 비판했고, 약탈자가 소장처를 결정하는 선례를 남기지 않기를 바란다는 취지에서 '서울대 규장각 소장'을 반대하며, 국립고궁박물관, 독립기념관, 오대산 사고 중 역사

---

* 유홍준 문화재청장의 주선으로 열린 이날 간담회에서 환수위와 서울대 측이 다음과 같은 4개 사항에 합의함으로써, 오대산 월정사에서 국민 환영식과 고유제가 치러질 수 있었다. ① 『조선왕조실록』 환수와 관련 문화재청과 서울대는 환수위의 노력에 감사한다. ② 반환된 실록은 원칙적으로 국유재산으로 한다. ③ 소장처는 문화재청장이 결정한다. ④ 반환 후 국민 환영식은 오대산 월정사에서 한다.

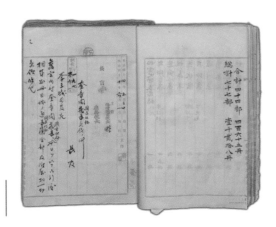

조선총독부 취조국 관련 서류철
이토 대출 도서의 양도를 요청하는 일본
궁내부 장관의 서신을 볼 수 있다.

적 의미가 분명히 드러나는 곳에 국민적 합의를 거쳐 소장처를 결정
하기 바란다는 입장을 문화재청에 통보했다. 그리고 서울대가 진정으
로 『조선왕조실록』을 소장하고자 한다면 민간 운동의 성과에 기대어
자기 몫을 챙기려는 자세를 버리고, 스스로 주인이 되어 민족 앞에 당
당해지기를 바란다는 내용도 전했다. 그런 의미에서 서울대 규장각은
즉각 '이토 히로부미가 대출한 규장각 도서'의 환수에 나서라고 촉구
했다.

　며칠 뒤인 7월 7일 『조선왕조실록』이 우리나라로 귀환했고, 이날을
기점으로 서울대가 '이토 대출 도서 환수'에 나설 것을 촉구하는 성명
서를 발표했다.

　이토가 대출해 간 규장각 도서 환수의 발단이 된 세종클럽의 간담회
를 취재하던 『한겨레』 신문 이정국 기자는 이토 대출 도서 문제에 관심
을 갖고 두 번에 걸쳐 『한겨레』 신문에 보도함으로써 일본 궁내청이 소
장한 규장각 대출 도서를 국민들에게 고발했다.(「이토 히로부미 '규장각 도

서 수백 권' 100년째 '대출 중'」,『한겨레』, 2006.7.10;「이토가 '100년 대출'한 규장각 도서 '연체료'만 35억 원?」,『한겨레』, 2006.7.13.)

학계에서는 1965년에 이미 이토 히로부미伊藤博文가 규장각 도서를 일본으로 가져갔다는 사실을 밝혔다. 서울대 중앙 도서관 백린 열람 과장이 1965년 규장각 도서를 정리하다가 1911년의 조선총독부 취조국 서류철을 발견했다고 한다. 이 서류철에는 이토 히로부미가 일본으로 가져간 책의 목록과 이를 보관하고 있던 궁내부 대신 와타나베가 조선총독 데라우치에게 "이토 히로부미가 한일관계 사항 조사 목적으로 가져온 서적을 궁내성 도서료에 보관하고 있는데, 일본의 왕족·공족의 실록 편수에 참고로 필요하며, 일본의 제실 도서관에

| 「이토가 '100년 대출'한 규장각 도서 '연체료'만 35억 원? ― 인터뷰」,『한겨레』, 2006.07.13. |

"책 가져올 자신 있었으면 진작에 문제제기했다"

[인터뷰] 이상찬 서울대 국사학과 교수

-이토의 규장각 도서 반출건이 처음 알려진 지 40년이 넘었다. 그동안 규장각에선 무엇을 했나?

=규장각이 능동적으로 움직이는 게 힘든 상황이다. 1966년 한·일협정 당시 책의 일부가 돌아왔다. 당시 더이상 문화재 반환을 요구하지 않는다는 조항이 협정서에 포함되어 있었다. 결국 법적 차원의 문제는 이미 끝난 상태다. 다시 반환을 요구할 수 없는 것이다. 규장각의 입지가 굉장히 좁다. 국가기관끼리 한 협정을 국가기관인 규장각이 깰 수 없기 때문이다. 연구자 개인으로선 꼭 찾아와야 하고 당시 한·일 협정 자체가 불합리하다고 주장할 수 있다. 하지만 규장각 원장의 공식이름으로 반환을 요구 하기란 매우 힘들다. 국가에서 이미 처리한 문제가 아닌가.

서울대 이상찬교수

-하지만 실록의 경우 서울대에서 아무 행동도 하고 있지 않다가 민간에서 문제를 제기해 찾아오게 됐다.

=이런 문제를 처리하면서 민간은 감정적으로 처리하는 경향이 있다. 규장각은 그동안 뭐했냐는 식으로만 따진다. 하지만 언제 규장각계 그런 권한, 예산 준 적 있나. 언론은 뭘했나. 이제 와서 탓하면 무슨 소용인가. 그리고 〈조선왕조실록〉의 경우 한국의 도서라는 게 확실한 사안이다. 일본이 발뺌을 할 수 없었다. 하지만 이토가 반출 도서의 경우 아직 육안으로 확인도 안된 상태다. 비교 자체가 불가능한 사안이다.

도 없으니 궁내성으로 양도하였으면 한다."라고 전하는 내용의 공문이 들어 있었다고 한다.

1968년 백린은 『한국서지학 연구』 창간호에 「이등박문伊藤博文이 대출한 규장각 도서에 대하여」라는 논문을 발표한다. 이후 그 내용은 1972년 『서울신문』에 이구열 씨가 '문화재 비화'를 연재하면서 언급되었고, 1998년 『연합뉴스』로도 보도되었으나 별다른 주목은 없었다.

2002년 서울대 이상찬 교수는 「이등박문이 약탈해 간 고도서 조사」(『한국사론』 48집, 서울대 인문대학)라는 논문에서 백린의 오류를 수정했다. 이 논문에서는 백린이 간과했던 총독부의 또 다른 공문(궁내성 공문을 받은 총독부가 이토가 가져간 77종 1,028책 중 24종 200책은 양도할 수 있지만 53종 828책은 돌려줄 수 없다는 내용의 공문)들과 이토가 가져갔던 책이 기존 백린이 조사한 33종 563책이 아니라 77종 1,028책이라는 사실을 밝혔다. 또한 1965년 한일협정 당시 11종 90책이 돌아온 사실도 추가했지만, 나머지 도서 환수를 위한 별다른 조처는 취하지 않았다.

『한겨레』의 보도에 따르면 그동안 당국은 이토 대출 도서 문제에 대해 전혀 손을 쓰지 않고 있었다. 해당 기관인 규장각에서는 논문을 쓴 당사자인 이상찬 교수 이외에는 이 사실 자체를 정확히 알지 못하고 있었다. 규장각 부원장인 송철의 교수는 "공식적으로 규장각 차원에서 논의가 된 적은 없다. 자세한 것은 이상찬 교수에게 물어보라."고 말했고, 조은수 교육·교류부부장, 김종은 정보자료관리부장, 김윤제 기관연구부장 모두 "잘 모르겠다. 공식적으로 논의된 적은 없다."고 입을 모았다고 한다. 논문을 쓴 이상찬 교수는 "규장각이 나태하거나 직무를 유기한 것이 아니라 1965년 한일협정 당시 '더 이상 문화재 반환을 요구하지 않는다.'는 조항 때문에 선뜻 규장각 차원에서 문제를 제기하기가 쉽지 않다."고 말했다.(「이토 히로부미 '규장각 도서 수백 권' 100년째 '대출 중'」)

이상찬 교수는 이 문제를 "책의 대출과 반납의 문제로 접근해야 된다."고 말해 왔다. 복잡한 식민지시대의 약탈 문화재에 대해서는 국제 법적 개입이 없어도 쉽게 '자국 내 문제'로 해결될 수 있다는 것이다. 하지만 이 교수의 말처럼 복잡하지 않은 과정을 거칠 수 있었는데, 규장각 내에서 문제 해결을 위해 공식 회의조차 한 번도 하지 않았던 사실은 무엇이라고 말할 수 있을까? 거듭되는 촉구가 있었지만, 『조선왕조실록』 반환 문제가 세상에서 곧 잊힌 것처럼 이토 대출 도서의 문제도 모두의 기억 속으로 사라져 버리고 말았다.

2004년 이후 『조선왕조실록』 오대산 사고본이 도쿄대로 건너가게 된 경위를 면밀히 조사하고 있었다. 조사 과정에서 1909년 대한제국 궁내부의 촉탁囑託으로 일본인 무라카미가 조사한 「오대산 사고 조사 보고서」를 입수했고, 당시 오대산 사고에는 실록 761책, 의궤 380책, 기타 서책 2,469책 등 모두 3,610책이 존재했다는 기록을 확인했다. 그리고 흩어진 오대산 사고본의 행방을 찾으면서, 일본 궁내청에 있는 『조선왕실의궤』와 함께 이토가 대출해 간 규장각 도서의 존재를 알게 되었다. 이 사실을 늘 염두에 두고 있었던 나는 『조선왕실의궤』 반환 운동 과정에서 이토 대출 도서에 대한 이야기를 몇 번이나 외무성 측에 제기했고, 일본 궁내청을 방문해서 관련 자료 조사를 진행하거나 서지 사항에 대해 궁내청 직원들에게 질의하기도 했다.

2008년 평양을 방문하여 민족 문화재 반환을 위한 남북 합의서를 작성할 때에도 공동으로 조사하고 반환받아야 할 문화재 목록에 '이토 대출 도서'를 포함시키기도 하였으며, 문화재청에도 여러 차례 문

제를 제기했지만 반응은 신통치 않았다. 이렇게 이토 대출 도서 문제
는 무관심 속에 묻혀서 깨어나지 못하고 있었다.

무관심 속, 100년 만의 반납

미적지근하게 시간이 흐른 2010년 8월, 간 총리가 '『조선왕실의궤』
등의 도서'를 한국으로 인도하겠다는 담화를 발표한 뒤 다시 한 번 기
회가 왔다고 생각하여 『시사저널』 정락인 기자에게 '이토 대출 도서'
문제를 설명하자 정 기자는 지면을 통해 상세한 보도를 해 주었다. 문
화재청과 궁내청 서지 조사를 담당한 사람들에게도 '이토 대출 도서'
문제를 쟁점화시켜 주기를 요청했다. 환수위 활동을 도왔던 일본의
국회의원들과 시민 단체들에게도 궁내청에 '규장각 대출 도서'가 존
재한다는 사실을 알리고, 『조선왕실의궤』의 반환과 더불어 이 문제가
해결되었으면 좋겠다는 의견을 전달했다. 하지만 우리 정부 당국과 서
울대는 목록이 확정될 때까지 이 문제를 언급하지 않았던 듯하다.

11월 14일, 일본이 발표한 반환 품목을 보면서 나는 드디어 회심의
미소를 지었다. 거기에는 결국 '규장각 대출 도서' 목록이 들어 있었
기 때문이었다. 그 품목을 적은 구절은 마치 돋보기로 확대한 것처럼
몇 배나 커다랗게 보였다.

그렇다면 일본은 왜 한일 도서협정을 통해 일본 궁내청 소장 도서
만을 돌려준다고 한 것일까? 게다가 조선총독부가 아니라 통감부를
거쳐 반출된 책까지 돌려주겠다고 약속한 이유는 무엇일까? 이러한

물음에 대해 나는 일본 정부가 나중에라도 일본 왕실과 관련해서 문제가 될 소지가 있는 책을 모두 넘겨주려는 것이 아닐까라는 추측을 하였다. 이번 문화재 반환의 진정한 기준은 '총독부 경유 반출 도서'가 아니라 '일본 입장에서 나중에라도 일본 왕실에 폐를 끼칠 수 있는 책'인 셈이다. 혹시라도 북한과 수교 협상이 시작되고, 수교 과정에서 또다시 반환해야 될 문화재로 일본 왕실 소장 도서가 언급되는 것을 사전에 차단하기 위한 외무성의 치밀하고 사려 깊은 처분이라고 해야 할까.

일본 궁내청, 이른바 천황궁은 일본 최고의 정치적 상징이다. 그런

이토 대출 도서 관련 기사
이토 약탈 규장각 도서에 대한 기사가 상세히 보도되었다.(『시사저널』 1089호, 2010.9.1.)

| **반환된 이토 대출 도서** 특별전에서 규장각 서가를 재현한 모습 |

상대에게 소장품을 돌려 달라고 요구하는 것 자체가 어려운 일임을 모르는 바 아니다. 그러나 서울대가 용기 있는 결단으로 당당히 문화재 반환을 요구하지 못했던 점은 끝내 아쉬움으로 남는다. 이정국 기자는 자신의 블로그에 2006년 7월 서울대 규장각을 방문하여 이토가 대출해 간 규장각 도서에 대해 다음과 같은 취재 후기를 남겨 놓았다.

최근 서울대를 찾아간 적이 있습니다. 정확히 말하면 규장각을 찾아 간 것입니다. 조선 침략의 원흉인 이토 히로부미가 규장각의 도서 1,028 책을 일본에 반출한 뒤 100여 년이 흐른 지금도 되돌려주고 있지 않다는 제보를 받고, 취재를 하기 위해서였습니다. 규장각에서 관계자들을 만나고 느낀 것은 '정말로 허탈'하다는 것이었습니다. 아니 허탈하다 못해 화가 났습니다. 자신이 속해 있는 기관에서 자그마치 1,000여 권의 책이 없어졌고, 이를 이토가 일본에 가져간 기록이 엄연히 있고, 또한 서울대 규장각 소속의 교수가 직접 논문까지 썼는데 그동안 아무런 조치가 취해지지 않고 있었습니다.

더 황당한 것은 이들이 전혀 자신들의 '잘못'을 모른다는 것이었습니다. "모른다.", "논문 쓴 교수를 찾아가라."고 딱 잘라 말한 사람은 양반입니다. 심지어는 "그런 일을 왜 규장각이 해야 하느냐."고 따지며, 질문을 한 저를 질책하는 분도 있었습니다. 황당했습니다.

— 이정국 기자 블로그, 「서울대, 겨레와 함께한 60년」 중에서

그가 쓴 이야기는 '이토가 대출한 규장각 도서'를 우리가 어떻게 바라보았는가에 대한 속 쓰린 증언이다. 사후에 일어날 분쟁을 계산해서 '통감부 반출 도서'까지 처리해 내는 일본 외무성의 세심함과, 눈치만 보다가 100년 만에 '대출 도서'를 돌려받은 서울대 규장각과 정부 당국의 무관심이 머릿속에 뚜렷하게 겹친다.

100년 만에 돌아온 이토 대출 도서를
살펴보는 모습

이토 미납 대출 도서 반환 성명서

규장각은 해외 약탈 문화재 환수에 동참하라

지난 7월 7일 『조선왕조실록』 오대산 사고본 47책이 우리나라로 되돌아왔다. 지난날의 슬픈 민족사로 인해 93년간 우리의 품을 떠났던 실록이 우리 민족의 품으로 다시 돌아온 것에 대해 우리는 다시 한번 진심으로 환영한다. 또한 지난 5월 31일 도쿄대가 서울대 기증 사실을 발표한 이래 '반환 창구'의 역할을 담당하면서, 차질 없이 실록을 반환받은 서울대 측에도 감사를 드린다.

그러나 도쿄대의 기증 의사를 신중한 고려 없이 결정한 서울대의 태도를 다시 한 번 지적하지 않을 수 없다. 서울대는 도쿄대의 제안을 역사의식 없이 전격 수용함으로써 남북한 불교도, 일본 동포 사회, 국민 모두의 지지와 연대를 통해 진행된 '실록 반환운동'의 의미를 퇴색시키고 말았다. 우리가 진정으로 찾아오려고 했던 것은 '실록' 속에 담겨 있는 민족의 자존심이었기 때문이다.

우리는 이 시점에서 '규장각 약탈 도서의 환수'에 서울대 규장각이 직접 나서 줄 것을 제안한다. 규장각 장서들은 총독부가 접수한 뒤 경성 제국대로 이관시켰다고 알려져 있는데, 그 과정에서 상당수의 귀중본이 이토 히로부미에 의해 대출, 일본으로 강제 반출되었다.(백린,

「이등박문이 대출한 규장각 도서에 대하여」,『한국서지학 연구』창간호, 1968.)

'조선왕조실록환수위'는 오대산 사고에 보관되었던 귀중 문서들의 현 소장처를 추적하는 과정에서 실록 이외의 또 다른 문서들이 일본에 소장되어 있음을 파악했고, 또한 이토 히로부미가 규장각에서 대출한 도서가 아직까지 일본에서 반환되지 않고 있음도 확인하였다. 그러나 서울대 규장각은 이와 같은 사실을 모르고 있는지, 아직까지 일본 측에 공식적인 문제 제기와 반환운동을 추진하지 않고 있다.

우리는 실록의 반환과 더불어 고조되고 있는 해외 약탈 문화재 환수운동에 규장각도 적극 동참할 것을 제의한다. 규장각은 이토의 대출 사실을 50년이 지나도록 침묵하고 반환운동에 나서지 못한 이유를 밝혀야 한다. 이것은 국가 기관이 국가 재산을 분실하고도 반환을 청구하지 않는 경우이며, 명백한 직무 유기일 것이다.

서울대 규장각이 '실록'을 소장하고 싶다면, '도쿄대의 기증 사실' 외에 민족 앞에 당당한 또 다른 역사적 의미를 지녀야 할 것이다. 서울대는 민간 운동의 성과에 기대어 자기 몫을 챙기려는 자세를 버리고, 스스로 주인이 되어 민족 앞에 당당해지기를 바란다. 그런 의미에서 서울대 규장각은 즉각 '이토 히로부미가 대출한 규장각 도서'의 환수에 나서야 할 것이며, 그것이 진정 '행동하는 지성, 양심 있는 지성'의 역할을 다하는 것이라고 본다.

2006년 7월 10일

『조선왕실의궤』 반환운동,
그 절반의 성공 앞에서

감격적인 순간

2011년 12월 6일. 꿈은 드디어 현실이 되어 나타났다. 1922년 조선 총독부가 일본 궁내청으로 빼돌렸던 『조선왕실의궤』는 고국의 품에 안겼다. 오랜 기다림 끝에 인천국제공항에 의궤를 실은 컨테이너가 안착하는 순간, 형용할 수 없는 마음에 몸이 가늘게 떨렸다. 5년간 40여 차례의 일본 방문을 통해 얻은 결과물이 눈앞에 생생히 펼쳐진 감개무량함과 동시에 초라하고 무관심한 환영 행사에 대한 씁쓸함이 마음속에 교차했다.

2010년 일본 총리는 경술국치 100년을 맞아 식민지 지배에 대한 사과의 의미로 『조선왕실의궤』 등의 도서를 한국으로 인도하겠다는 담화를 발표했다. 1965년 한일협정으로 사실상 정부가 반환을 공식 요청할 수 없는 상황에서 불교계를 중심으로 민간에서 일궈 낸 '현대판 의병 운동'의 승리였다.

물론 총리 담화 발표 이후에도 상황은 산 넘어 산이었다. 일본 우

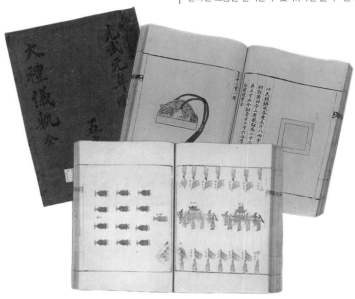

「대례의궤」
황제 즉위식과 황후, 황태자 책봉, 각종 의장들과 어보,
어책 제작에 관한 내용이 실려 있으며 황제국으로서의
변화된 모습을 살펴볼 수 있다.(사진 출처 : 문화재청)

익들의 반발이 있었고 국회 비준을 통과하기까지도 여러 번의 고비가
있었다. 그야말로 천신만고 끝에 얻은 귀환이었다.

나는 이토록 어렵게 이룬 『조선왕실의궤』 환국의 뜻깊은 의미를
'민족적 환영 행사'를 통해 구현하자고 여러 곳에 제의했다. 일본 정부
의 발표대로 선의에 입각한 '일본의 자발적 결정'만이 아니라 우리 민
족이 지속적인 운동을 벌인 결과 『조선왕실의궤』의 반환이 성사된 것
을 널리 알리고 싶었다. 그러기 위해서 우선 의궤 환수에 대한 경과를
『의궤, 되찾은 조선의 보물』(동국대 출판부, 2011)이라는 책을 통해 자세

『**조선왕실의궤**』 **공항 영접 행사** 2011년 12월 6일 인천국제공항에서 100여 년 만에 귀환하는 조선왕
조도서를 맞이하는 공항 영접 행사를 개최하였다. 공항 영접은 하역도서 영접과 환영의전 및 안착식
등으로 나누어 실시되었다.

히 기록해 두었고 의궤를 싣고 돌아온 항공사에 일어판 제작 후원을
요청했다. 하지만 자금 사정이 좋지 않다는 이유로 거절당했다.

또한 경복궁에서 국민 환영 행사를 열고 〈열린 음악회〉와 같은 축
하 공연을 했으면 좋겠다는 제안서를 제출했다. KBS 측과 수차례 접
촉을 하고 경복궁에 장소 승인 신청서를 냈지만 끝내 〈열린 음악회〉
행사는 무산되고 말았다.

상황이 이렇게 되자 앞서 2011년 봄에 돌아왔던 『외규장각의궤』
에 대해 생각이 미쳤다. 『외규장각의궤』 297책은 완전한 소유권의 반
환이 아닌 5년 단위 임대 형식에 불과했다. 국립중앙박물관을 제외한
다른 곳에 전시할 경우 프랑스에 허가를 받아야 하고 5년 뒤에는 다

시 프랑스로 돌아간다는 단서 조항이 달린 불완전한 임대였지만, 정부는 커다란 의미를 부여하며 대대적인 환영 행사를 벌였다. 고가의 운반비와 보험비를 우리 정부가 부담했고 수억 원의 예산을 투입, 대규모 환영 행사를 벌이며 외규장각 도서의 반환을 축하했다.

이번에 돌아온 『조선왕실의궤』 1,205책은 『외규장각의궤』와 상황이 완전히 다르다. 이것은 소유권의 완전한 반환일 뿐만 아니라 운반비와 보험비 등도 거의 일본이 부담한 것으로 알려져 있다. 반환되는 문화재의 수량도 한일협정 이후 최대 규모로 컨테이너 14개에 다다르는 분량이었다. 게다가 일본 총리의 '사과'라는 역사적인 의미까지 곁들여진 것을 생각하면 외규장각 도서 수준에 미치지 못할 바가 아니다. 그럼에도 정부는 예산이 없다는 이유로 행사 규모를 대폭 축소하겠다는 입장이었다.

나는 100년 만에 돌아오는 『조선왕실의궤』 앞에 어쩐지 좀 무안해지고 말았다. 혹시 반환을 주도한 사람이 정부 인사가 아니어서, 별다른 지위가 있는 사람이 아니어서 이런 대접밖에 받지 못하고 있는 것일까? 어쩌면 선두에 섰던 사람이 승려라는 이유로 축소되어 평가받고 있는 것일까? 이런 의혹에 자괴감을 느낄 수밖에 없었다.

진심으로 괴담이기를 바라지만 일본 정부가 대대적인 환영 행사를 못마땅하게 생각했기 때문에 국민 환영 행사가 축소될 수밖에 없었다는 말도 들렸다. 정부 인사들은 미래 지향적인 한일관계를 위해 그리고 앞으로 있을 또 다른 문화재 환수에 계속적으로 성공하려면 조용히 일을 처리해야 한다고 생각한 것일지도 모를 일이다. 물론 그도 그럴 법하지만 고개가 갸우뚱거려지는 것은 왜인지…….

서울에서 제대로 된 행사 한 번 없이 넘어가는 '민족적 경사'를 보면서 설마 우리 정부가 일본 눈치 보느라 잔치마저 제대로 하지 못하는 그런 신세는 아닐 것이라는 생각으로 애써 위안을 하였다.

절반의 성공으로 끝나

2011년 12월 26일, 국립고궁박물관에서 개최한 '다시 찾은 조선왕실의궤와 도서' 특별전 개관 행사에 다녀왔다. 일본으로부터 되찾은 『조선왕실의궤』를 일반인들에게 공개하는 전시회였다. 그날 나는

『조선왕실의궤』가 돌아온 뒤 고궁박물관에서 개최된 특별전 『조선왕실의궤』 환수에 협력해 주었던 이상득 의원(당시 한일의원연맹회장)을 만나 함께 의궤를 살펴보며 담소하는 모습.

다시 찾은 조선왕실의궤와 도서
문화재청은 일본 궁내청 소재 『조선왕실의궤』의 환수를 기념하기 위해서 특별전을 개최하였다.

조금 들떠 있었다. 이제야 비로소 대중들에게 '의궤'의 장엄한 모습이 드러나는 자리인 만큼 설레는 마음을 감추기 힘들었다. 문화재청장을 비롯한 관련 공무원들도 상기된 표정이 역력했다. 민간과 정부가 호흡을 맞춰 이뤄 낸 '민족적 쾌거'라는 문화재청장의 인사가 있었고, 참석한 주요 인사들도 바로 눈앞에 펼쳐진 의궤를 실제로 관람하며 그 상세하고 방대한 기록에 모두들 탄성을 아끼지 않았다.

그러나 『조선왕실의궤』의 귀환이 갖는 역사적 상징성에 비추어 본다면, 전시회 첫날 행사 역시 좀 가볍고 허술했다는 냉정한 평가를 내리지 않을 수 없었다. 총리나 장관의 참석 없이 문화재청장 주관으로 이루어진 것이 아쉬웠을 뿐만 아니라, 무엇보다 국립고궁박물관 자체가 의궤 환국의 의미를 충분히 이해하고 있지 못하는 듯했다. 축사祝

辭를 하는 사람도 "일본이 그동안 잘 보관해 주어 고맙다."는 발언으로 일본 정부에 감사의 뜻을 전하면서도 『조선왕실의궤』 환수를 위해 그간 아무런 대가 없이 불확실한 미래를 향하여 혼신의 힘을 다해 길을 걸어 왔던 사람들에 대한 감사는 한 구절도 없었다. 의궤 환수운동에 앞장섰던 사람들은 철저히 배제되었고, 2010년 일본 총리 담화로 의궤 환수가 결정된 뒤 정부 인사들이 추진해 온 일들만이 반환 경과로 소개되었다.

『조선왕실의궤』 환수운동을 통해 되찾고 싶었던 것은 '종이와 먹'으로 쓰인 한 권의 책만이 아니었다. 1895년 을미사변 당시 일본인들의 칼날에 쓰러진 명성황후의 죽음 그리고 2년 2개월이라는 역사상 가장 길고 슬펐던 장례식의 기록이 담긴 『명성황후국장도감의궤』마저 일본에 빼앗기고 살았던 지난 100년의 설움, 일제의 칼등에 쫓겨 만주로 시베리아로 남양군도로 뿔뿔이 흩어져 떠돌이가 되어야만 했던 힘없는 민족의 자존심을 되찾아오고 싶었다. 백제 왕릉이 다이너마이트로 폭파되고 놋그릇까지 공출당하며 모든 것을 빼앗기고 울먹이며 살아남았던 슬픈 '조선 혼'을 달래고, 나아가 남북으로 허리가 잘린 7천만 겨레의 마음을 하나로 모아 민족적 동질성을 회복하는 데 기여하고 싶었던 것이 이번 운동을 통해 실현하고 싶었던 진실된 가치였다.

그러나 아직까지 『조선왕실의궤』는 단순히 하나의 문화재 반환을 넘어서는 의미를 부여받지 못하고 있다. 『조선왕실의궤』 환수는 완전한 성공이 아닌 절반의 성공으로 끝나버린 것이다.

돌아온 『조선왕실의궤』 중 「명성황후 국장도감의궤」 1895년 을미사변으로 일본인에게 죽임을 당한 뒤 2년 2개월 동안 치러진 조선의 마지막 국장에 대한 기록이다.

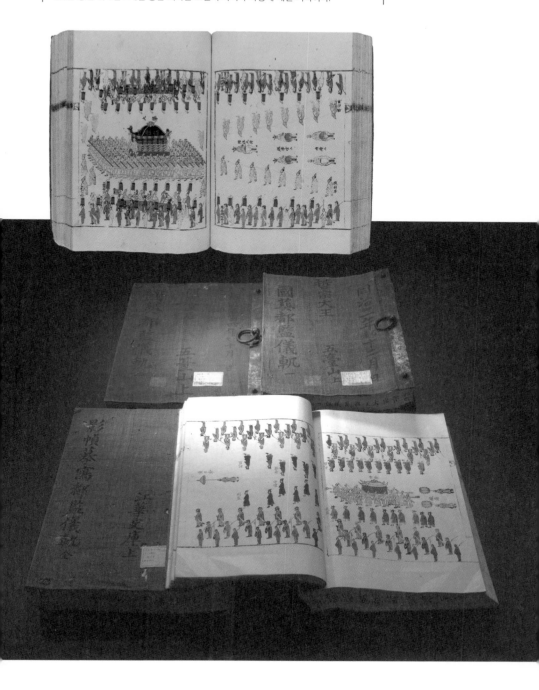

의궤의 본질을 되새겨

대학 시절 한문을 공부하러 다니던 때, 선생님은 가끔 『정감록鄭鑑錄』 이야기를 해 주셨다.

> 한멸 이후 무왕백년漢滅以後 無王百年(한양이 멸망한 뒤 100년간 한반도의 주인이 없다.)이라. 경술국치庚戌國恥로부터 100년이 지나면 한반도에 사라졌던 왕기王幾가 꿈틀거릴 테니, 자네가 한번 유심히 살펴보게. 그때 나는 죽고 없을 테지만.

몇 번이나 거듭 강조하신 탓에 뇌리에 생생히 남아 있던 말씀이었다. 선생님께서는 이미 고인故人이 되셨지만 내심 경술국치 100년이 되는 2010년에 일어날 일들을 호기심 어린 마음으로 묵묵히 지켜보고 있었다.

2010년, 나는 그해 최고의 사건은 일본 총리 간 나오토가 한일 강제 병탄 100년을 맞아 '사과 담화'를 발표한 것이라고 생각한다. 그리고 일본 총리의 담화에 수반하는 조치로써 조선총독부의 기증으로 일본에 건너갔던 『조선왕실의궤』 등의 도서가 우리의 품으로 돌아오게 되었다는 것에 묘한 느낌이 들었다.

2006년 이후 40여 차례의 일본 방문을 통해 추진했던 일이 성공했다는 감격 그리고 일본 최고의 정치적 상징인 이른바 천황궁에 있던 물건을 되돌려 받게 되었다는 상징성에 놀라고 있었다. 『조선왕실의궤』가 지닌 문화재적 가치에 역사적 가치가 더해져 우리 민족의 신물로 다시금 새롭게 탄생하는 순간이었다.

『조선왕실의궤』는 '의식儀式과 궤범軌範'을 결합한 말로 '의식의 모범이 되는 책'이라는 뜻이며 행사가 잦은 왕실에서 후대에 참조케 하려는 의도로 제작하였다고 한다. 나는 의궤의 그러한 실용적 의도뿐 아니라 다른 의도에도 주목해 왔다. 의궤에는 수많은 물건, 행사 절차들에 대한 기록이 상세하게 글과 그림으로 표현되어 있다. 옥새 제작법, 왕의 물품 모양, 왕실의 장례법 등과 같은 것들이 대표적인 예이다. 그런데 이런 의궤는 특정한 사람이 아니면 절대 열람할 수 없는 것이 철칙으로 되어 있다. 다른 평범한 사람이 이를 알게 되면 왕실의 비밀을 누출하는 일이 되기 때문이다. 의궤는 '어람용'과 '분상용'으로 나뉘는데 어람용은 어떤 행사가 진행된 뒤 왕이 직접 행사 진행 과정을 살펴보기 위해 제작된 것이고, 분상용은 그 기록이 영원히 유실되지 않도록 보관하기 위해 제작된 것이다. 그런 관점에서 본다면 분상용 의궤는 '기록을 위한 기록'으로 만들어졌다는 결론에 도달하게 된다. 다시 말해서, 누구에게 열람시키거나 연구하기 위한 자료가 아니라 한 시대를 지배한 제왕帝王의 모습을 영원히 전하기 위해 제작한 기록이 바로 의궤의 본질이다. 지난 2011년 5월 프랑스에서 돌아온 『외규장각의궤』가 어람용이고 이번에 일본에서 반환된 '『조선왕실의궤』 오대산본'은 대부분 분상용이다. 이것은 오대산 사고를 비롯 태백산, 적상산, 강화도 사고 등에 보관되어 있으면서 한 번도 공개된 적이 없었던 책들이다. 일본이 빼앗아 간 뒤조차 에도성의 황실 도서관에서 보통의 학자나 일반에게 공개되지 않은 채 '기록을 위한 기록'으로 묵묵히 잠자고만 있었다. 그러므로 되찾은 의궤를 일반에게 공개했다는 것은 시사하는 바가 크다.

무왕백년의 시간이 끝나고 한반도에 새로운 주인이 출현하는 시점에 의궤는 이른바 천황궁으로부터 돌아와 그 화려한 자태를 드러냈다. 이전까지의 의궤 전시가 이렇게 대규모로 이루어진 적은 없었다. 2011년 국립중앙박물관에서 프랑스『외규장각의궤』297책의 전시가 있었지만 이번『조선왕실의궤』등 1,205책의 전시는 이전의 규모와 의미 면에서 비교할 수 없을 만큼 차이가 크다.

이제 되찾은『조선왕실의궤』를 통해 사람들은 조선시대 왕실의 상세하고 방대한 기록 문화에 놀랄 것이다. 그리고 비록 멸망하고 말았을지라도 장엄하고 화려했던 왕실의 모습을 생생히 느낄 수 있을 것이다. 이것들은 지난 100년간 잊고 살았던 우리들의 제왕에 대한 기억을 되살리고 남북이 분단되기 이전에 하나였던 이 땅의 주인이 어떤 모습이었는지를 우리 앞에 증언해 줄 것이다.

민족혼을 노래하라

『조선왕실의궤』의 귀환은 한일관계에 있어서 일대 사건이다. 조선 멸망과 더불어 빼앗긴 문화재를 우리들의 힘으로 당당히 싸워서 얻은 승리의 산물인 것이다. 하지만 그럼에도 불구하고 빛나는 승리의 좌표를 얻지 못하고 있는 것은 무엇 때문일까? 나는 그 이유를 신물의 주인이 나타나지 못했기 때문이라고 생각했다. 의궤 귀환의 의미를 7천만 겨레의 마음을 하나로 묶는 민족적 경사로 승화시키지 못하고 있는 우리 사회는 아직 '주인 의식의 회복'에 도달하지 못했기 때문이리라.

의궤가 돌아온 다음 날, 북한의 조선중앙통신은 『조선왕실의궤』의 귀환을 축하하는 성명서를 발표했다. 이 성명서를 통해 북한은 "7천만 겨레의 마음을 하나로 모아 일본의 식민지 지배에 대한 반성을 촉구하고 민족의 염원인 조국 통일을 앞당기는 데 적극 기여해 나가자."고 소회를 밝혔다. 그러나 조선중앙통신의 발표는 당시 긴장된 남북 관계, 연이은 북쪽의 불바다 발언 때문에 우리 언론에는 제대로 보도되지 못했다.

나는 의궤를 평양에 전시하는 기회를 가졌으면 좋겠다는 생각을 하고 있었다. 의궤의 반환은 남북 공조共助로 추진되었고, 2008년과 2009년 두 번의 평양 방문을 통해 남북 공동의 반환 요청서를 일본 총리에게 접수하는 형태로 진행되어 왔다. 따라서 우리는 『조선왕실의궤』를 평양에 전시하여 '민족의 제자리 찾기'까지 발전시키고 싶은 바람이었다. 하지만 남북 관계 여건상 돌파구를 마련하지 못했고 게다가 김정일 국방위원장의 갑작스러운 사망으로 평양 전시는 더 이상 진전되지 못한 채 답보 상태에 머무르게 되었다. 어렵게 얻어 낸 의궤 귀환이 어수선한 사회 분위기와 겹치면서 모두의 관심 밖으로 밀려나는 듯 보였다.

그러던 와중 2011년 12월 27일, 서울시청으로부터 보신각 제야의 종 타종자로 선정되었다는 뜻밖의 연락을 받고 나서 잠깐 얼떨떨한 기분에 사로잡혔다. 결국 인연이었던 것일까! 『조선왕실의궤』가 난공불락의 에도성을 넘어 우리 곁으로 날아오던 날, 나는 심훈을 떠올리며 보신각종을 치고 싶었다.

그날이 오면, 그날이 오며는

2011년 제야의 종 타종 행사 『조선왕실의궤』 반환에 기여한 저자가 12월 31일 자정, 시민 대표 10인과 함께 보신각 제야의 종 타종 행사에 참여하고 있다.

삼각산이 일어나 더덩실 춤이라도 추고

한강물이 뒤집혀 용솟음칠 그날이

이 목숨이 끊기기 전에 와 주기만 할 양이면,

나는 밤하늘에 날으는 까마귀와 같이

종로의 인경人磬을 머리로 들이받아 울리오리다.

— 심훈, 「그날이 오면」 중에서

12월 31일 11시 30분경. 종로에 운집한 10만여 명의 사람들은 나를 환호와 갈채로 맞아 주었다. 『조선왕실의궤』의 반환을 축하해 주는 진심어린 성원이었다. 그때 나는 비로소 그동안 나에게 용기를 불어넣어 주고 이끌어 주었던 소리의 정체, 바로 내가 그토록 만나고 싶었던 『조선왕실의궤』의 주인이 누구였는지 알게 되었다. 5천 년 동안 이 땅을 지켜온 진정한 나라님들은 10만여 명 대중의 모습으로 화현 化現하여 뜨거운 박수를 보내 주고 있었다. 나는 왈칵 솟아오르는 눈물을 참으며 마침내 발견한 신물의 주인을 위해 힘껏 보신각종을 울렸다.

보신각종이여!

온몸을 떨어 『조선왕실의궤』의 귀환을 알려라.

일본 땅에 끌려가 볼모로 유폐된 지 100년
지친 여정을 이제야 마치고
힘겹게 돌아온 장엄한 민족혼을 노래하라.

종이와 붓으로 쓰인 책을 넘어
신물神物이 다시 태어났음을.

서울을 지나 평양까지
바다 건너 온 누리
조선 사람이 사는 모든 곳에
기쁜 소식을 전하라.

그리고
진실의 힘을 믿고

불의와 싸우는 모든 사람들에게
2012년 새해를 여는 희망의 소리를 말하라.

진실은 언제나 상상할 수 없는 힘을 발휘하고
혼이 담긴 계란은 바위를 깬다는 것을.

문화재 환수의 길

『조선왕실의궤』의 귀환 이후 문화재 환수에 대한 국민의 관심이 증폭되고 있다. 사람들은 내게 다음에 어떤 문화재를 되찾아올 것이냐는 질문을 던졌고 문화재청도 해외 소재 문화재 중 환수 가능한 문화재에 대한 조사를 하고 있다는 발표를 하기도 했다.

해외에 있는 수십만 점이나 되는 유출 문화재 중 환수 대상을 선정하기란 매우 어려운 일이다. 일단 해외 소재 문화재가 불법으로 유출되었다는 증거를 확인하는 일이 어려울 뿐만 아니라 그 문화재를 왜 지금, 이 시점에서 되찾아야 하는가에 대한 이유가 불분명하기 때문이다. 혹자는 '문화재 환수'가 자칫 대중주의로 흐를 위험성을 경고하기도 한다. 루브르나 영국박물관을 방문했던 여행객들이 우리 문화재들을 전시한 한국관이 일본관이나 중국관보다 초라해서 가슴 아팠다고 하는 진술들은 이런 경향을 뒷받침한다. 그러나 이런 의견들은 문화재 환수에 대한 근본적인 고민이 깊지 않았던 것을 말해 줄 뿐이다. 문화재 환수는 우리 민족의 정체성과 관련된 물건이 부당하게 빼앗겼다는 것에 초점을 맞추어 진행해야 한다. 하지만 아쉽게도 문화재를 연구한 학자나 관료들은 아직까지 문화재 환수에 대한 이해가 깊지 않은 듯하다.

내가 되찾고자 하는 문화재는 단순히 도자기나 그림, 서책 등이 아니다. 그 속에 민족정신과 시대의 염원이 고스란히 내재되어 한민족을 깨울 수 있는 가치가 담겨 있는 것이라야 한다. 이처럼 유형의 문화재를 넘어 역사 정신과 시대정신을 담고 있는 신물을 볼 수 있을 때 비로소 문화재 환수의 길이 열릴 것이다.

1965년 한일협정으로 1,432점의 문화재를 반환받은 이후 50년이 흐르는 동안 우리는 식민지 시기에 빼앗긴 문화재 중 국보급 문화재를 얼마나 되돌려 받은 것일까? 놀랍게도 되찾은 국보급 문화재는 2006년 도쿄대로부터 받은 『조선왕조실록』과 2011년 일본 궁내청으로부터 받은 『조선왕실의궤』 단 두 건이다. 부끄럽지만 이 두 점은 모두 학자나 관료들의 노력이 아니라 민간의 노력으로 성사되었다고 해도 과언이 아니다. 이 두 번의 성공은 단순히 '우리 것'임이 증명되어서가 아니라 '민족혼이 담긴 문화재'였기 때문에 가능했다. 민족혼이 담긴 문화재는 학문적 연구로 보이는 것이 아니라 대상에 말을 걸고 의미를 부여할 때 탄생한다. 다시 말해 단순한 문화재가 아니라 살아 있는 혼이 담긴 민족적 신물들만이 환수의 가능성이 열리는 것이다.

이 책을 통해 소개한 문화재들은 하나하나가 시대정신과 혼을 담고 있는 물건들로, 오랜 기간 주목해 왔던 것들이다. 이를 통해 지난 100년간 우리가 잃어버린 소중한 것들을 다시금 돌이켜보는 시간이 되었기를 소망한다.

일본 내각부를 방문 일본 정부에 『조선왕실의궤』 반환을 촉구하고 있다.

환지본처還至本處

모든 것은 제자리로 가야 한다.

조선왕실 어보를 찾아라

—

문정왕후 어보 반환운동

문정왕후 금보, 미국으로 유출됐다

조선시대 대표적 여성 권력자였던 중종(재위 1506~1544)의 왕비 문정왕후(1501~1565)*의 금보(왕실 도장인 어보御寶**) 중 하나가 현재 미국 LA 카운티 박물관(이하 라크마LACMA)이 소장, 전시 중인 것으로 밝혀졌다. 이 어보는 높이 6.45cm, 가로세로 각 10.1cm로 거북 모양의 손잡이가 있으며, 아래 인면도장을 찍는 면에 문정왕후의 존호인 '성렬대왕대비지보聖烈大王大妃之寶'라는 명문이 돋을새김되어 있다. 『조선왕조실록』을 보면, 1547년 그의 아들인 명종(재위 1545~1567)이 경복궁 근정전 섬돌 위에 나가 '성렬인명대왕대비'라는 존호를 올리고

---

* 문정왕후는 아들 명종을 수렴청정하며 당시 국정을 주도하였고, 친동생인 세도가 윤원형을 앞세워 윤임 등의 유교 사대부 세력을 정계에서 축출하는 을사사화(1545)를 일으켰던 인물이다.

** 어보는 재질에 따라서 금보, 목보, 옥보 등이 있다.

문정왕후 어보와 인면 모습
6·25 한국전쟁 당시 미국 병사에 의해 약탈된 것으로,
LA 라크마 박물관에 전시되어 있다.

덕을 칭송하는 옥책문과 악장을 올렸다는 기록이 나와 있으므로 어
보도 이때 만들어진 것으로 추정할 수 있다.

정부는 이 유물이 해방 직후 또는 6·25전쟁을 전후한 시점에 무단
유출된 것으로 추정하고 있지만, 확실한 입장은 정하지 못한 것으로
보인다. 문화재청 관계자도 반환 문제에 대해서 소극적 입장이며 라크
마 쪽 학예사로부터 "수년 전 한 개인 수장가(특별한 물건을 간직하여 보
관하고 있는 사람)에게서 어보를 구입했다는 말을 들었으나, 상세한 경
위는 알 수 없었다."고 밝혔다. 정종수 고궁박물관 관장 역시 "재단 기
금으로 구입한 합법적인 소장품이어서 반환은 불가능하다는 것이 라
크마 쪽 방침인 것으로 안다."며 "특별전 대여 전시 등은 고려해 볼 수
있을 것"이라고만 말했다. 그러나 국내 학계에서는 이 어보가 불법 유
출된 것이 확실하고, 종묘에 모셔졌던 최상급 의례품이기 때문에 외

교적 차원의 환수 교섭이 반드시 필요하다는 지적이 나오고 있다.(「문
정왕후 금보, 미국으로 유출됐다」, 『한겨레』, 2010.8.30.)

「아델리아 홀 레코드」 'Korean official seals'

2009년 뉴욕에 체류하던 기간 중 나는 미국 국부무가 작성한 비
밀 문건 하나를 찾아 냈다. 이 문서는 6·25 전쟁기간 중 서울에서 있
었던 미군의 문화재 절도사건에 관련된 조사 보고서였는데, 국무부
관리인 아델리아 홀이란 여사의 이름을 따서 「아델리아 홀 레코드」라
고 명명되어 있었다. 여기에는 전쟁기간 중 미군 병사의 불법행위에
의해 도난된 문화재에 관한 상세한 사항이 기록되어 있었다. 그런데
여기에는 조선왕실의 어보 혹은
옥새로 추정되는 문화재에 대한
언급이 나오고 있었다. 「아델리
아 홀 레코드」의 4:774에는 '한
국 대사관 사건Korean embassy
cases'이라는 파일이 있는데, 여
기에는 미군이 절도한 문화재를
반환한 내용이 수록되어 있다.
그중에서도 '한국의 직인Korean
official seals'에 주목, 옥새 혹은
어보일 가능성을 염두에 두면서

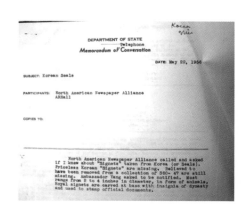

「아델리아 홀 레코드」에서 발견한 국무부와의 전화 통화 기록 미군의 절도사건으로 47점의 어보를 분실했다고 신고하고 있다.

2009년 이래 지속적으로 자료를 수집해 왔었다.

그러던 중 2011년 1월부터 3월까지 미국 메릴랜드 국가기록보존소에 방문하여 현지 조사를 한 결과, 미군이 약탈한 '한국의 직인'의 정체와 규모 등을 가늠할 수 있는 자료를 확보했고 '문정황후 어보' 역시 미군 약탈품에 해당하는 물건으로 추정할 수 있었다.

「아델리아 홀 레코드」에는 '한국의 직인'에 대해 4:774 '한국 대사관 사건'과 10:621 '한국의 분실품Korean Losses' 두 군데에 걸쳐 자료를 분산 수록하고 있다.

> 4:774 Korean Embassy Cases-Korean Sword and Crown, January 1953-May 1956. 106 frames. Major Topic : Recovery of Korean official seals, sword and crown looted by U.S. military personnel.

> 4:774는 '한국 대사관 사건'이라는 파일명으로 1953년 1월부터 1956년 5월 사이에 있었던 일들 – 한국의 직인과 검sword, 왕관crown 등 미군 병사가 한국에서 약탈한 문화재의 기록이 106 프레임에 걸쳐 수록되어 있다.

여기에는 1956년 5월 21일 국무부 관리인 아델리아 홀이 주미 한국 대사 양유찬 박사와 나눈 통화 내용이 기록되어 있는데, 전화 내용에는 옥새 혹은 어보로 보이는 내용이 언급되어 있다.

가. 도장의 크기가 4인치 정도인 점
나. 왕실 문양이 새겨져 있다고 한 점

Korean Relics Gone; Some Thought In U. S.
The Sun (1837-1992); Nov 17, 1953; ProQuest Historical Newspaper The Baltimore Sun (1837-1992)
pg. 6

Korean Relics Gone; Some Thought In U.S.

Washington, Nov. 16 [Special].
Many priceless royal signets, made of solid gold, silver and jade are missing from historic South Korean imperial palaces, it was learned here today.

The Korean Ambassador, Dr. You Chan Yang, said his Government believes that some, if not all, of the century-old objects were removed from Korea, either to Japan or the United States, by souvenir-hunting American GI's. In all, 47 of them are missing.

Yang asks that American soldiers in possession of, or knowing the whereabouts of, any of the historic jewels get in touch with the Korean Embassy in Washington.

Return Suggested

Yang is convinced that anyone possessing one of Korea's historic mementos, which date back as far as his nation's first ruler, will return it if aware of its value to his country.

Most of the signets are carvings, ranging from 2 to 4 inches in diameter. They are in the form of animals, some of which, such as the solid gold turtle from the reign of Taijo, the first Korean king, are recognizable to Americans.

The royal signets are carved at the base with the design of the dynasty represented, and were used by Korean royalty to seal official documents. All were removed from South Korean imperial shrines, most of which disappeared during 1950.

Several of the royal seals are ...

Interested only in the return of the invaluable signets, he said his Government would reimburse any souvenir hunter out of pocket for money spent in purchasing the signets or having them shipped home.

Yang recalled that his Government paid an American soldier $400 for shipping and insurance costs when the GI shipped from South Korea to the United States another priceless Korean historical object. This was the mammoth leopard skin rug which an enterprising souvenir hunter, to the amazement of the Army, managed in the midst of battle to pack and ship out of Korea.

Impossible To Value

The Ambassador said it is impossible to put a value on the 47 missing objects. They are from a collection of 360 signets which have been preserved by his Government from among those used by kings and queens who reigned hundreds of years ago. The signets, of course, are actually worth their weight in gold and silver, outside of their historic worth to the Korean Government.

Handsomely carved and restored to their original luster, the signets should not be difficult to recognize for what they are, Yang said. Some are attached to their cases with gold and satin cords.

The Ambassador mentioned the possibility that some of the signets may still be in Japan, although he said his Government has some indication that most were brought to the United States.

「볼티모어 선」의 기사 양유찬 대사가 미군 병사에 의해 도난당한 47개의 조선왕실어보에 대해 인터뷰한 내용. 2011년 『볼티모어 선』에 문의하여 찾아냈다.

다. 동물 모양이 조각되어 있다는 점

10:621 Korean Losses, November 1953. 3frames.
Major Topic : Looting of South Korean art treasures by U.S.military personnel.

10:621 '한국의 분실품'에는 좀 더 중요한 자료가 포함되어 있다. 이 파일은 1953년 11월에 작성된 것으로, 미군 병사가 약탈한 남한의 문화재에 대한 기록을 담고 있다.

여기에는 '한국의 직인'과 관련한 1953년 11월 17일 『볼티모어 선』(볼티모어 지역신문)의 기사를 수록하고 있는데, 이 기사는 '한국의 직인'의 실체 및 규모 등을 밝혀 주는 매우 중요한 문서로 보인다.

문서의 주요 부분을 번역한 내용은 다음과 같다.

- 미군은 서울의 궁궐에서 47개의 매우 귀중한 옥새 혹은 어보를 약탈했음.
- 거기에는 태조, 왕, 왕비 등의 어보 등이 포함되어 있음.
- 한국 정부는 이 물건이 미국 혹은 일본으로 불법 반출되었다고 파악하고 있음.

- 한국 정부는 귀중한 물건들의 반환을 제의했으며, 발견한 사람은 대사관으로 연락해 주기를 당부하고 있음.

반환을 요청하며

양 박사는 한국의 첫 번째 통치자의 역사적 기념품들을 소지하고 있을 사람에게 이 물건의 가치를 안다면 한국에 돌려주어야 할 것이라고 단언했다. 대부분의 도장들은 지름 2~4인치 크기로 조각되었다. 이 도장들은 한국 최초의 왕인 태조 시대부터 전해 내려온 것으로, 순금으로 만들어지고 거북 모양처럼 동물의 형상을 띠고 있으므로 미국인들도 식별할 수 있을 것이다. 왕실 도장들은 왕조를 대표하는 디자인을 기본으로 조각되었으며, 왕실의 공식 문서를 봉할 때 사용되었다. 모든 도장들은 역사적 성지와도 같은 한국의 왕실에서 1950년 사라졌다.

몇몇 왕실 인장은 금과 은의 조합으로 되어 있다. 금은으로 장식된 박스와 함께 사라졌다. 한국 정부는 오직 이 귀중한 인장들의 반환에만 관심이 있다고 양 박사는 말했다. 또한 그는 한국 정부가 이 인장들을 갖고 있는 사람에게 구입하거나, 한국으로 가져오는 데 일련의 보상을 할 것이라고 말했다.

— 『볼티모어 선』, 1953.11.17 기사 중에서

「아델리아 홀 레코드」가 의미하는 것

첫째, 우리는 아델리아 홀이 언급했던 '한국의 직인'의 실체를 확인했다는 것에 커다란 의미를 부여할 수 있다. 1950년 당시 미군이 한국에 있던 360과顆(도장을 세는 단위)의 어보 중 47과*를 약탈하였고, 분실된 47과의 어보는 조선 태조, 왕, 왕비 등의 어보라는 것이 밝혀진 것이다.

둘째, 한국 정부는 '한국의 직인'의 반환을 공식 요구했다는 점이다. 「아델리아 홀 레코드」에 미 국무부 관리와 주미 한국 대사의 통화 내용으로 '분실물을 찾고 있는 과정'이 기재되어 있고, 『볼티모어 선』의 기사에도 '한국 정부는 반환을 제안'했다는 제목이 실려 있다. 기사 중간에도 양유찬 대사는 '한국 정부는 원산국 반환에 관심이 있고, 반환을 위해 보상금을 지급할 용의가 있다.'는 점 또한 밝히고 있다. 다시 말해서 문정왕후 어보는 이미 1951년 이후 한국 정부가 미국 정부와 언론에 공식적인 반환을 요청한 대상 중에 하나이고, 또한 반환 요청 사실이 국무부 문서에 수록되어 있음을 확인한 것은 주목할 만한 사실이다.

셋째, 미국 정부가 '한국의 직인'의 반환을 실제로 진행했다는 점이다. 「아델리아 홀 레코드」에는 '한국의 직인'을 '미군 병사들의 개인적 약탈'이라고 규정했고, 그에 수반하는 조치로써 '원상회복recovery'하는 것이 미 국무부의 행정 원칙임이 실증되어 있다. 이에 입각해서 미국 정부는 1987년 고종, 순종, 명성황후 등의 어보를 한국 정부에 돌려주었다.(「고종, 순종의 옥새 미서 돌아온다」, 『동아일보』, 1987.2.27) 이 기

---

* 현재 문화재청은 316종의 어보를 보관하고 있다. 문정왕후 어보 1과, 1987년 한국으로 돌아온 3과, 망실되어 소재 파악이 안 되는 43과를 종합하면 『볼티모어 선』에 언급된 47과와 개수가 일치한다.

사는 6·25전쟁 당시 미군에 의해 반출되었던 문화재가 스미스 유니언 미술관의 학예사 조창수 씨의 교섭으로 한국에 반환되었다고 밝히고 있다.

문정왕후 어보 반환운동의 성공을 위해

라크마가 소장한 문정왕후 어보는 6·25전쟁 당시 미군 병사가 약탈한 문화재이다. 한국 정부는 1950년 47과의 어보를 미군에게 도난당한 뒤, 미국 정부와 언론에 공식적으로 반환을 요청하였고, 이런 경과가 「아델리아 홀 레코드」에 기록되었다. 미국 정부는 「아델리아 홀 레코드」에 기록된 '한국의 직인' 문제가 '미군 병사의 절도'에 의한 사실임을 인정했고, 이에 수반하는 조치로써 원산국 반환을 위해 노력해 왔다. 이런 원칙으로 말미암아 1987년 조창수 씨의 노력이 가미되어 고종, 순종, 명성황후의 어보 등 3과가 한국으로 돌아오게 되었다. 「아델리아 홀 레코드」에 수록된 자료의 발견으로 '문정왕후 어보'는 반환운동의 논리적 타당성을 확보하였다. 앞으로 라크마와도 이런 틀 속에서 교섭을 진행한다면 머지않아 환수에 성공할 수 있을 것이라고 판단한다.

문정왕후 어보 반환은
시민운동의 승리다

육지가 끝난 곳에서 바다가 시작된다,

— 카몽에스(포르투칼 시인)

『볼티모어 선』 기사를 확보하다

「아델리아 홀 레코드」에는 양유찬 주미 한국 대사가 1953년 당시 미국 국무부에 '조선왕실어보'에 대해 분실신고를 한 뒤 『볼티모어 선』이란 신문과 진행한 자세한 인터뷰가 수록되어 있었다. 2009년에 복사한 이 인터뷰 기사는 인쇄상태가 좋지 않아 내용을 제대로 읽을 수 가 없기에, 2011년 1월 나는 원본 마이크로필름을 확인하기 위해 미국 메릴랜드의 국가기록보존소를 방문했다. 그런데 원본 마이크로 필름 역시 시간이 60년이나 흘렀기 때문에 글자를 읽을 수 없는 형편이었다. 뉴욕으로 돌아오는 길에 표정이 어두운 나를 보고 동행했던 김정광 뉴욕 불교문화원 원장님이 조심스레 위로의 말을 건네주었다.

거기는 아직도 신문을 발행하는 회사입니다. 한번 전화해 보시면 그
당시 기사를 찾을 수도 있을 겁니다.

귀가 번쩍 뜨이는 말이었다. 뉴욕에 돌아와서 나는 즉시 『볼티모
어 선』이란 회사를 검색해서 직접 전화를 걸었다. 1953년 신문 기사
를 찾고 싶은데 제공해 줄 수 있느냐고 묻자 인터넷으로 유료 서비스
를 하고 있으니 검색해서 신청하면 PDF 파일로 제공할 수 있다는 답
변을 해 주었다. 전화를 끊고 알려준 대로 사이트에 접속해 검색하여
해당 기사를 찾아 낼 수 있었다. 나는 그야말로 목이 바짝바짝 타는
느낌으로 그 기사를 40달러에 구입했다. 거기에는 미군 병사가 종묘
에서 훔쳐 간 어보의 개수와 모양, 종류 등에 대한 자세한 설명이 있
었고, 우리 정부가 어보를 되찾기 위해 취했던 당시의 조치들이 상세
히 드러나 있었다. 또 한 번의 진전이 있었던 순간이었다. 그렇게 찾아
낸 문정왕후 어보의 도난과 관련된 증거를 취합해서 2011년 6월 3일
나는 라크마에 반환 요청서를 보냈다. 그러나 라크마 측으로부터 반
환 요청에 대한 답변은 오지 않았다. 나 역시 반환요청서에 대한 답변
이 쉽게 올 것이라고 생각하지는 않았다. 나는 서신발송을 첫 시작으
로 해서 2013년 6·25전쟁 정전 60주년에 반환받는 것을 목표로 실천
항목을 구상하고 있었고, 한 계단 한 계단을 밟아 승부를 던질 예정
이었다.

다시 미국에 가다 — 동포들과 반환운동을 준비

2013년 1월 나는 미국에 다시 건너갔다. 2개월가량 체류하면서 문정왕후 어보 반환운동을 본격적으로 진행하기 위해서였다. 뉴욕의 한인사회를 중심으로 '문화재제자리찾기'를 홍보하는 강연회를 열기도 하고, 뉴욕 총영사님과 면담하면서 문정왕후 어보 반환을 위해 깊은 관심을 촉구하기도 했다. 미주 지역 불자들과 동포 사회에 성원이 결집되기 시작했고, 본격적으로 미주지역 동포들과 함께 라크마에 반환 요청서를 보내기로 마음이 모아졌다.

그러던 즈음 미주 지역사회의 움직임을 전해들은 KBS 시사기획

2013년 1월 뉴욕, 뉴저지 등의 강연을 통해 문정왕후 어보 환수 문제를 동포사회에 거론하기 시작했다.
(「문화재 환수운동가 혜문 스님, 뉴욕서 강연회」, 『재외동포신문』, 2013.1.18.)

뉴스
북미

문화재 환수운동가 혜문 스님, 뉴욕서 강연회
'빼앗긴 문화재를 말하다'… 24일 오후, 뉴저지 파인플라자

고영민 기자 | goyong@daum.net

+ − 🖨 📱 🏛 　 승인 2013.01.18 11:00:11 　　　　　 🅑 f 🔵 🅝 8 ✉

뉴욕불교문화원(원장 김정광)은 해외 약탈문화재 환수운동가, 혜문 스님(사진)이 '빼앗긴 문화재를 말하다'란 주제의 강연회를 24일 오후 7시 미국 뉴저지 파인플라자에서 갖는다고 밝혔다.

혜문 스님은 2006년 도쿄대가 조선왕조실록을 반환토록 한 데 이어, 2011년엔 일본 왕궁에 소장된 조선왕실 의궤 환수에 결정적인 역할을 맡는 등 해외에 불법 반출된 수많은 우리나라 문화재를 되찾는 데 선봉장 역할을 했다.

문화재 환수 외에도 친일파와의 내원암 토지 소송, 삼성과의 현등사 사리구 소송에서 승리하고, 명성황후를 시해한 일본 무사의 칼 '히젠토(肥前刀)'의 행방을 찾아내 폐기를 요구하기도 했다.

〈창〉이란 프로그램에서 '미국의 문화재 반환운동'에 대해 취재하고 싶다는 연락을 해왔다. 나는 귀국하는 대로 문정왕후 어보 반환운동을 KBS와 함께 진행하기로 약속하고 동포사회에도 이런 내용을 알렸다. 문정왕후 어보 반환운동의 새로운 전기가 마련되는 시점이었다.

3월 중순 귀국 후 문화재제자리찾기와 KBS 시사기획 〈창〉은 공동으로 보조를 맞춰 1시간 짜리 프로그램을 진행하게 되었다. 물론 핵심은 문정왕후 어보 반환운동이었다. KBS 김민철 기자는 라크마를 직접 방문, 어보에 대해 인터뷰를 진행하겠다고 했다. 나는 이 운동을 함께 추진하기로 한 뉴욕의 김정광 회장님, LA의 정연진 선생, 배리 피셔 변호사 들을 소개 했고, 김민철 기자는 현지로 취재를 떠났다. 현지 취재 과정에서 김민철 기자는 라크마에 문정왕후 어보를 판매했던 로버트 무어란 사람을 찾아내 인터뷰 했고, 로버트 무어의 집에서 '현종 왕세자 어보'가 있다는 점을 발견, 특종 보도했다. 문정왕후 어보 반환운동에 대한 국민의 관심이 조금씩 조금씩 형성대고 있었다.

백악관 청원 프로젝트 '응답하라 오바마'

미국에서 돌아온 뒤 2013년 4월 중순 안민석 국회의원을 만났다. 평소 알고 지내던 임병목 치과 원장의 소개로 만난 자리에서 나는 정전 60주년을 계기로 문정왕후 어보 반환운동을 진행하고 있는데 안민석 의원이 '문정왕후 어보 반환 촉구 결의안'을 발의하여 본회의에서 채택해 주시기를 바란다고 부탁했다. 안민석 의원은 민족운동의 차원에서 흔쾌히 도와주겠다고 약속했고, 2013년 6월 10일 '문정왕후 어보 반환 촉구 결의안'은 안민석 의원의 발의로 국회에 제출되었다. 국회 결의안이 발의 된 이후 즉시 나는 라크마에 면담을 신청했다. 한국에서는 국회결의안이 제출될 만큼 문정왕후 어보 반환과 관련한 관심이 높은 만큼, 직접 만나서 이 문제에 대해 상의하고 싶다는 취지였다. KBS 보도 이후 이 사건의 흐름을 관망하고 있던 라크마 측은 면담제의를 받아 들였고, 드디어 2013년 7월 11일 라크마와의 첫 번째 면담이 성사되었다. 이날 첫 번째 면담에서 라크마 측은 우리에게 "도난품이라면 반환하겠다. 그 대신 도난당한 물건이 분명하다는 점을 한국 측이 충분히 입증해 달라."고 말했다. 서로 원칙적인 입장을 나눈 면담이었지만, 첫 번째 면담에서 반환의 가능성을 시사했다는

│ 문정왕후 어보 반환 촉구 결의안 발의 국회 기자회견 │

점이 분명한 진전이었다. 예감이 좋았다.

첫 번째 면담을 마치고 귀국한 뒤, 문정왕후 어보 반환을 위한 100인위원회를 조직했다. 대표는 나와 안민석 의원이 맡고, 사회 각층의 인사들과 함께 문정왕후 어보 반환운동을 펼쳐 나갈 생각이었다. 그 첫 번째 프로젝트는 '백악관 10만 청원운동'이었다. 미국 백악관은 한 달 동안 10만 명이 서명하면 백악관 대변인이나 오바마 대통령이 직접 논평하는 청원제도를 운영하고 있었다. 이 운동은 가수 장윤정, 아웃사이더 등이 홍보 대사를 맡아 주었고, 문화재제자리찾기 청소년 연대, 청년 연대 등이 주축이 되어 한 달 동안 문정왕후 어보 반환운동을 홍보하고 동참을 호소했다. 그러나 영어로 된 백악관 사이트에 접속해서 서명하는 복잡한 절차를 거치는 등의 어려움으로 실제 서명한 것은 6,000여 명에 불과했다.

그러나 이 운동은 새로운 또 하나의 계기를 마련해 주었다. 정전 60주년을 맞아 미국에 빼앗긴 문화재를 되찾기 위한 서명운동이 펼쳐지고 있다는 사실은 국내 뿐만 아니라 다른 나라의 외신에도 보도

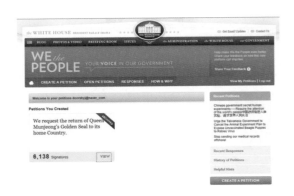

| 백악관 서명운동 |

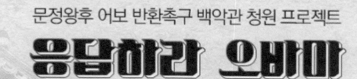

되었고, 이를 본 북한에서 지지 성명서를 보내온 것이었다.

북한이 보내온 지지 성명서는 미국 라크마와 LA 카운티 정부에도 전달하였고, 이는 LA 카운티 정부와 박물관 측 모두를 놀라게 한 일대 사건이었다고 생각한다. 북한의 성명서가 전달되는 시점에 LA 카운티 정부의 책임자 제브 야로슬로브스키는 문정왕후 어보 반환요청서에 대해 문화재제자리찾기에게 답신을 보내왔다. LA 카운티 정부는 문정왕후 어보 사건에 대해 충분히 알고 있으며, 만약 도난품임이 입증된다면 기꺼이 돌려줄 용의가 있다는 전향적인 내용이었다. 나는 문정왕후 어보가 도난품이란 것을 입증하는 서신을 작성해서 추가로 라크마에 제출했고, 라크마 측은 도난품 증거 서류를 검토한 뒤 9월 중 만나자며 2차 면담 일자를 통보해 왔다.

미국 측과 2차 면담 일자가 잡힐 무렵 또 하나의 중요한 사건이 발생했다. 6·25전쟁 당시 미군 병사가 훔쳐 갔던 '호조태환권 원판'이 한국으로 반환된 것이었다. 이는 미국 경매에 나온 물건을 미국 국토안전부가 '도난품이란 이유'로 압수해서 한국정부에 반환한 사건이었다. 미국은 당시 채동욱 검찰총장에게 '호조태환권'을 인도했는데, 그 자리에서 채동욱 검찰총장은 '문화재 반환 문제에 깊은 관심을 갖고 있으며, 문정왕후 어보도 도난품이 의심되므로 수사요청을 했다.'는 발표를 했다. 시민운동으로 시작한 문정왕후 어보 반환운동이 본격적으로 정부의 지원을 얻기 시작하는 순간이었다.

라크마와 면담 약속이 잡힌 뒤, 나는 신기한 꿈을 하나 꾸었다. 관음보살 같은 분이 나타나서 이번에 문정왕후 어보가 돌아올 예정이니 너무 걱정하지 말라는 위로의 꿈이었다. 기분이 좋아서이기도 하고 뭔가 성공할 것 같은 느낌에 나는 동행하는 안민석 의원에게 우리 다 같이 한복을 입고 가자고 제의했다. 마침 추석 연후 기간에 면담 약속이 잡힌지라 안민석 의원도 기분 좋게 동참해 주었다.

| 조불련 성명서(왼쪽)와 미국 LA 카운티 슈퍼바이저의 서신(오른쪽) |

문정왕후 어보 반환은 시민운동의 승리다

또 한번의 기적 — 반환결정

2013년 9월 19일. 운명의 날이 찾아왔다. 시차로 인해 좀 피곤하고 명한 아침이었다. 라크마와의 면담에 앞서 LA 총영사와의 오찬이 예정되어 있었다. 문정왕후 어보 반환 문제로 열리는 두 번째 면담을 응원하는 자리였다고 생각한다. 긴장감 때문에 점심식사 자리가 약간 부담스러웠던 것으로 기억한다. 총영사은 여러 가지 좋은 말로 영사관도 깊은 관심을 가지고 있다고 했지만, 쉽게 성공할 수 있는 일은 아니라고 생각한다고 했다. 총영사뿐만 아니라 다른 사람들도 그랬을 것으로 생각한다. 사실 미국 정부 기관이 소장한 문화재를 말 몇 마디로 되찾는다고 하면 누가 그것을 믿을 수 있었으랴? 그러나 나는 2009년부터 시작한 한 발 한 발의 노력이 쌓여 2013년 9월까지 총력을 쏟아 부었기에 성공할 자신이 있었다. 그랬기에 함께 동행한 임병목 원장에게도 부탁해서 '문정왕후 어보 환수 결정'이란 현수막까지도 준비해 가지고 온 터였다.

점심식사를 마치고 안민석 의원과 차를 타고 가면서 좋은 결과 있을 것이라고 서로를 위로했다. 차에서 내려 회담장으로 들어가자 라크마 직원들의 굳은 표정이 보였다. 그 표정에서 뭔가 중대한 발표가 있을 것이란 걸 직감할 수 있었다.

> 한국정부가 공식적인 반환을 요청을 한 것은 아니지만 여러분들이 제공해 주신 자료를 검토한 결과, 문정왕후 어보는 도난품이란 결론에 도달했습니다. 빠른 시간 안에 한국 정부로 반환하도록 하겠습니다.

Based on new information provided by third parties and LACMA's own provenance research, LACMA believes there is credible evidence that the *Korean Royal Seal with Knob in the Form of a Turtle* in LACMA's collection since 2000, was removed unlawfully from the National Shrine (Jongmyo) in Korea. While LACMA has not received a formal request from the Korean national government, we have reached out to them to discuss the results of our research and a mutually satisfactory resolution, including the return of the Royal Seal to Korea.

라크마가 발표한 반환 결정문
라크마는 자체 조사한 결과와 한국 시민 단체가 3차례에 걸쳐 제공한 새로운 정보에 근거해서 다음과 같이 판단했습니다. 2000년 라크마가 구입한 문정왕후 어보는 서울의 종묘에서 불법적으로 도난당했다는 주장이 상당히 신빙성 있는 증거에 따라 입증되었음을 인정합니다. 라크마는 그동안 한국 정부로부터 공식적인 반환요구를 전혀 받은 바 없지만, 자체조사와 한국 시민단체들과의 상호 협의를 통해 토론한 결과, 어보를 한국으로 반환하기로 결론지었습니다.

작고 낮은 목소리였지만 스피커 볼륨을 최대한 올린 것처럼 쩌렁쩌렁하게 내 머릿속을 강타했다. 발표가 끝난 뒤 박물관 측 인사는 서둘러 자리를 떴고 우리는 박물관 측의 양해를 얻어 작은 방으로 옮겨서 잠깐 앉아 있었다. 나는 감격과 환희로 다리가 풀릴 지경이었다. 그 사이 동행했던 LA 총영사는 어디론가 전화를 하고 돌아왔다. 영사는 우릴 향해 환하게 웃으며 축하인사를 전했다.

잠깐 머리를 좀 가다듬으시죠. 밖에 나가시면 기자들이 기다리고 있을 겁니다. 저도 정말 놀랐습니다. 기적이 일어났습니다. 대단합니다. 축하드립니다.

정신을 추스르고 라크마에서 나왔을 때 운집한 기자들의 환한 표
정을 잊을 수 없다. 이역만리 LA에서 다함께 일구어낸 승리의 환호
가 그들의 얼굴에도 맺혀 있었다. 우리는 미리 준비한 현수막을 펼쳐
들었고, 기자들이 모두 박수를 쳐 주었다. 그날의 그 감격을 생각하면
지금도 가슴이 울컥한다. 『월스트리트 저널』은 이 믿어지지 않는 사건
에 대해서 이렇게 말했다.

문정왕후 어보 반환은 시민운동의 승리다.

문정왕후 어보는 문재인 대통령의 첫 번째 방미 성과로 2017년 7월, 한국으로 반환됐다.

THE WALL STREET JOURNAL.
WSJ.com

September 20, 2013, 5:30 PM KST

U.S. May Return Korean Royal Seal

By Jeyup S. Kwaak

The U.S. may return another Korean national treasure to its home country, marking a potential victory for South Korean activists working for the repatriation of cultural heritage lost during the Korean War.

The Los Angeles County Museum of Art said Friday that it has found sufficient evidence to believe the turtle-shaped Korean royal seal that dates from the late 16th or 17th century was "illegally removed" from its original site in South Korea.

South Korea has maintained some soldiers looted national treasures during the 1950-1953 Korean War, including the seal that was originally ensconced at the Jongmyo royal shrine in Seoul.

— Agence France-Presse/Getty Images Members of a traditional dance troupe perform at the royal Jongmyo Shrine in central Seoul on May 2, 2010. The U.S. may return a turtle-shaped Korean seal that was originally ensconced at the Jongmyo royal shrine in Seoul.

"문정왕후 어보환수는 한국시민단체의 승리" WSJ

입력시간 | 2013.09.22 00:42 | 뉴시스

【뉴욕=뉴시스】LA카운티박물관(LACMA)이 소장한 문정왕후 어보가 한국에 돌아가게 된 것은 한국 시민단체의 승리라고 월스트리트저널(WSJ)이 보도했다.

WSJ는 20일 온라인 코리아리얼타임에서 "미국이 또하나의 문화재를 한국에 반환하게 된 것은 문화재를 찾기 위해 노력한 한국 시민운동가들의 잠정적 승리"라고 평가했다.

저널은 "그동안 한국에선 일부 미군병사들이 한국전쟁중 문정왕후 어보를 포함한 문화재들을 약탈했다고 주장해왔다"며 "LACMA측이 16~17세기 제작된 이 어보가 서울 종묘에서 불법 반출된 것이라는 충분한 증거를 확인함에 따라 반환하게 됐다"고 전했다.

문정왕후 어보 반환은 한국 시민단체의 승리라고 보도한 「월스트리트 저널」의 기사(위)와 이를 보도한 「뉴시스」 기사(아래)

응답하라 오바마
—
대한제국 국새 반환운동

불가능해 보였던 작전명 '응답하라 오바마 — 왕의 귀환 편'에 대해 그동안 지지와 성원을 보내주셨던 많은 분들에게 진실로 감사의 인사를 전합니다. 여러분들의 도움이 아니었다면 오바마 대통령의 직접 반환은 그냥 한갓 농담으로 끝날 일이었을 겁니다. 모두가 어깨를 걸고 한걸음씩 더 걸어가 주셨기 때문에 대한제국 국새는 7천만 겨레 모두의 영광이자 제3세계 국가들에게 꿈과 희망을 주는 가장 멋진 '문화재 환수 사례'로 전 세계 사람들에게 남아 있을 것입니다.

— 「성명서」 대한제국 국새 반환에 즈음하여

불가능에 도전하다

2014년 1월부터 3월 초순까지 나는 맨해튼에 체류하고 있었다. 미국 국토안전부가 압수 보관 중인 대한제국 국새와 조선왕실어보의 반환 문제를 진행하기 위함이었다. 문화재청의 예상에 의하면 이것들은 2014년 6월경 한국으로 반환될 것이라고 했었다. 2013년 11월 오바마

미국 대통령이 2014년 상반기 한국을 방한한다는 소식을 듣고 나는 미국으로 날아갔다. 오바마 대통령이 대한제국 국새를 우리 대통령에게 직접 전달하는 프로젝트, '응답하라 오바마 — 왕의 귀환 편'을 진행하기 위함이었다. 1910년 대한제국이 일본에게 강제 병탄당할 때까지 사용되었던 임금의 도장은 왜 미국까지 흘러들어온 것이었을까?

1897년 고종은 대한제국을 선포, 황제로 즉위한 뒤, 황제국의 권위에 알맞도록 거북이로 만든 손잡이를 용으로 변경함과 동시에 황제지보를 비롯한 국새를 새로 만들어 사용했다. 그리고 이 국새는 1907년 고종의 뒤를 이어 황제로 즉위한 순종에게 전달되었다. 1910년 일본이 대한제국을 강제 병탄하자 조선총독 데라우치는 순종이 사용했던 국새를 빼앗아 일본 궁내청, 이른바 천황궁으로 보냈다. 대한제국이 국권을 잃고 일본에 종속되었다는 것을 상징적으로 보여준 조치였다. 1946년 8월 15일 맥아더는 해방 1주년 기념식에 미 군정청 하지

중장을 통해 '조선의 자주독립을 바라 마지않는다.'는 친서와 함께 황제지보를 비롯한 대한제국 국새를 다시 돌려주었다. 일본으로부터 37년 만에 되돌아온 국새는 해방과 자주독립의 상징물이었다. 그러나 제자리를 찾은 듯했던 국새는 다시 비운의 운명에 사로잡힌다. 1950년 6·25전쟁 기간 중 다시 분실되고 만 것이다. 그것도 가장 중요한 두 가지 옥새, 제왕의 권위를 상징하는 황제지보와 국가권력을 상징하는 대한국새였다.

어보가 국새를 부르다

2010년 미국 메릴랜드에 위치한 미국 국가기록보존소를 방문한 적이 있었다. 거기서 나는 전쟁 중 서울에서 발생한 '미군의 문화재 절도 사건'에 대해 미국 국무부 관리가 작성한 기록을 찾았다. 「아델리아 홀 레코드」라고 불리는 이 문서에는 전쟁기간 중 미군이 종묘와 궁궐에서 '임금의 도장'을 훔쳤고, 한국 정부가 47과의 옥새를 워싱턴의 주미 한국 대사관을 통해 분실신고했다는 내용이 있었다. 이를 근거로 미국 내에 있을 것으로 추정되는 옥새의 흔적들을 조사해 나갈 수 있었다. 그러던 중 LA 카운티 박물관(이하 라크마LACMA)에 조선 8대 임금 중종의 비 문정왕후의 어보가 보관되어 있다는 사실을 확인했다. 그때부터 수년간 나는 문정왕후 어보의 반환을 위해 노력했고, 지난 2013년 9월 박물관 측은 6·25전쟁 당시 분실된 도난품이란 사실을 인정, 전격 한국으로 반환하겠다는 발표를 하기에 이르렀다. 사건

은 여기서 끝나지 않았다.

라크마가 한국으로 조선왕실의 옥새를 반환하기로 했다는 언론 보도가 나간 뒤, 미국 골동품상이 또 다른 옥새의 행방을 신고했다. 미국 국토안전부는 골동품상의 신고를 받고 LA 인근 샌디에이고의 용의자 집을 수색한 결과 9점의 옥새를 추가로 발견했다. 그중에는 놀랍게도 사라진 대한제국 황제의 옥새 '황제지보'가 있었다. 1946년 맥아더가 해방 1주년을 맞아 다시 한국으로 돌려주었던 바로 그 옥새였다. 미국 국토안전부는 전쟁 당시의 미군 도난품으로 간주, 압수절차를 진행했고, 문화재청은 아마도 2014년 6월경 한국으로 반환될 듯하다고 예상하고 있었다.

인연은 또 다른 인연을 파생시킨다. 육지가 끝난 곳에서 바다가 시작하듯이. 「아델리아 홀 레코드」의 발견이 문정왕후 어보를 찾게 하고 문정왕후 어보는 대한제국 국새를 찾게 한 셈이다. 그 끝이 어디서 종결될지 모르지만, 어느 한 사람의 노력을 넘어서서 움직이는 운명의 장엄한 역동력에 그저 놀랄 뿐이다.

그런 인연의 흐름 속에서 나는 오바마 대통령이 직접 대한제국 국새를 들고 와서 우리 대통령과 국민들에게 돌려주기를 희망했다. 6·25전쟁이 끝난 지 60여 년. 분단과 전쟁의 상처에 신음하던 우리들에게 미국 대통령의 대한제국 국새 반환은 희망의 메시지가 될 수 있지 않을까? 물론 비판도 만만치 않았다. 사람들은 내게 서슴없이 여러 가지 날카로운 질문을 던지곤 했다.

왜 오바마가 직접 대한제국 국새를 들고 와야 한다고 주장하시죠? 어차피 금년 상반기에 돌려받는 것 아닌가요?

사실 내가 찾고자 했던 것은 국새라는 유형의 물건을 넘어, 지난 시기 우리가 잃어버렸던 민족의 자존심이나 근현대사의 격동기에 상처받은 민족의 혼 같은 것이었다. 오바마 대통령이 대한제국 국새를 직접 돌려준다면 6·25전쟁의 아픈 기억을 극복하는 역사적 사건이 될 뿐만이 아니라, 또한 문화재 반환운동에 있어서 세계적인 사례가 만들어져 문화재를 빼앗긴 제3세계 국가들에게도 희망의 메시지를 줄 수 있는 사건이 아닐까?

응답하라 오바바 — 왕의 귀환편

그런 생각으로 힘겹게 운동을 시작하던 2014년 2월 초. 눈 내린 미국 뉴저지에서 제이크 정 변호사를 만났다. 대한제국 국새 반환운동을 설명하고 도움을 구하는 자리였다.

"오바마 대통령이 직접 국새를 반환하도록 미국 정치인에게 청원서를 전달하고 싶은데 적당한 분이 없을까요? 변호사님이 한 분 소개해 주십시오."

"음 적당한 사람이라. 메넨데스 의원이 좋겠습니다. 뉴저지가 지역구인 의원이고, 연방 상원외교위원장을 맡고 있습니다. 저와 친한 로스쿨 동기의 아버지이기도 합니다."

밑도 끝도 없는 '응답하라 오바마 — 왕의 귀환 편'은 이렇게 새로운 전기를 맞이하고 있었다. 미국 국토안전부가 압수 보관 중인 대한제국 국새를 미국 대통령이 직접 반환하는 프로젝트가 한 발자국 진전하는 순간이었다. 제이크 정 변호사는 그로부터 4주 뒤, 메넨데스 의원과의 면담을 성사시켰고 면담자리에서 청원서를 전달할 수 있었다. 나아가 메넨데스 의원은 자신이 직접 친서를 덧붙여 케리 국무부 장관과 국토안전부 장관, 상원의원 2명에게도 우리의 청원서와 '조속히 반환'해달라는 자신의 의견서를 전달해 주었다. 대한제국 국새의 귀환이 현실화되기 시작한 순간이었다.

미주 동포들의 한인 사회도 움직이기 시작했다. 평소 알고 지내던 최한규 거사의 주선으로 워싱턴 PNP 포럼이란 단체의 초청을 받아 워싱턴에서 우리 문화재에 대한 강의를 하는 자리가 마련되었다. 거기서 나는 미국 국토안보부에 압수 중인 대한제국 국새와 조선왕실어보를 오바마 대통령이 직접 가지고 오는 '응답하라 오바마' 프로젝트에 대해 소개했고, 함께 백악관 청원운동을 진행하자고 제의했다. 백악관은 한 달 동안 10만 명이 서명하면 백악관이 직접 답변하는 제도를 운영하고 있었다. 워싱턴의 동포 분들은 모두들 흔쾌히 받아 주셨고 그 결과 LA, 보스턴, 뉴욕 등지의 한인단체들까지 결합, 13개 한인단체와 협력해서 백악관 청원 사이트 'We The People'에 10만 서명 운동을 시작할 수 있었다. 백악관 청원운동이 시작되자 미주와 한국의 언론들이 사건을 보도하기 시작했고, 응답하라 오바마 운동은 수면 위로 올라와 오바마 대통령 한국 방한을 앞두고 주요 이슈로 자리 잡기 시작했다. 아직 미국에 머물고 있었던 2월 26일의 일이었다.

2014년 3월 초. 한국으로 돌아오는 비행기 안에서 나는 검찰총장을 어떻게 만날 수 있을지에 대해 고민하고 있었다. 제이크 정 변호사와 미국의 많은 사람들이 한국으로 돌아가게 되면 반드시 검찰총장과의 면담을 요청하라고 조언해 주었다. 대한제국 국새를 압수 보관하고 있는 국토안전부의 한국 측 파트너가 검찰인 만큼, 검찰총장이 대한제국 국새 반환운동을 도와줄 수 있다면 그만큼 성공 가능성이 높아진다는 판단이었다. 그러나 검찰총장을 만난다는 것은 그렇게 만만한 일이 아니었기에 이런저런 궁리를 짜 내보아도 그다지 신통한 묘안이 떠오르지 않았다. 몇 달간의 긴 여행의 피로와 시차를 핑계로 봉선사에서 푹 쉬며 지낸 3일 뒤, 놀라운 일이 일어났음을 알게 되었다.

'응답하라 오바마' 작전을 수립하고 미국으로 건너가던 2013년 11월 검찰총장은 채동욱 총장이었다. 그런데 갑작스레 채동욱 총장은 숨겨놓은 아들이 있다는 '개인적 문제'로 검찰총장을 사직하게 되었고, 신임 검찰총장으로 김진태 총장이 임명되는 변화가 있었다고 했다. 그런데 김진태 검찰총장은 평소 봉선사에 내왕이 있었고, 봉선사 스님들과도 친분이 있는 분이었다. 그래서 나는 귀국하자마자 김진태 총장과 친분이 깊은 스님들을 통해 면담 신청을 해 놓은 상태였다. 뜻밖에도 김진태 총장은 면담 신청을 선뜻 받아 주었고, 한술 더 떠서 검찰청사가 아니라 봉선사에서 만나자며 직접 봉선사를 찾아 주었다.

3월 22일 봉선사에서 오찬을 같이 한 자리에서 나는 김진태 총장에게 대한제국 국새를 오바마 대통령이 직접 가지고 왔으면 좋겠다는 의견을 제안하고, 검찰에 도움을 구했다. 김진태 총장은 "성공한다면 참으로 역사적인 사건이 될 듯하다."며 흔쾌히 제안을 수락했다. 응답하라 오바마 작전이 또 한 번 앞을 향해 진전하는 순간이었다. 정말 부처님이 도와주시고 있는 것이었을까?

봉선사를 방문한 김진태 검찰 총장 오찬과 차담을 같이 하면서 대한제국 국새 반환운동에 대한 진정서를 읽은 뒤, 적극 협력해 주셨다.

김진태 총장과의 면담 이후 나는 거리로 나갔다. 문화재제자리찾기 회원들과 주말 마다 거리에서 '응답하라 오바마 — 왕의 귀환'을 위한 서명을 받았고, 이를 모아 4월 9일 주한 미국 대사관에 '대한제국 국새 반환 청원'을 발송했다. 조계종 총무원장 스님과 안민석 국회의원에게도 도움을 청했다. 총무원장 스님은 "불교가 우리 사회를 위해 기여할 수 있는 좋은 기회"라며 청와대에 조계종 총무원장 명의로 진정서를 보내 주셨다. 안민석 의원도 여야 의원 40명의 서명을 받아 백악관에 '오바마 대통령의 직접 반환'을 요청하는 서신을 보내 주셨다. 대한제국 국새 반환을 위한 운동은 이제 들불처럼 번져 나가기 시작하고 있었다.

2014년 4월 10일 나는 이순신 장군의 사당 현충사에 들렸다. 13척의 배를 이끌고 133척의 일본 해군과 싸워 세계 해전사의 전설이 된 이순신을 만나고 싶었다. 대한제국 국새 반환운동이 마무리 단계에 들어가면서, 무모하고 불가능한 싸움을 향해 한 치의 물러섬도 없이 직면했던 이순신이 문득 그리워졌기 때문이었다. 공교롭게도 현충사 앞에서 김진태 총장에게 한 통의 문자 메시지를 받았다.

통화 원합니다. 검찰총장.

뭔가 전기에 감전된 듯한 전율에 휩싸인 채 나는 김진태 총장에게 전화를 걸었다.

스님, 지금 막 미국 국토안전부로부터 연락이 왔습니다. 오바마 대통령
이 25일 한국 방문 시 대한제국 국새 황제지보를 우리 대통령에게 직접

대한제국 국새 반환촉구 보신각 타종식

반환하기로 결정했다고 합니다. 축하드립니다.

그 뒤에 무슨 일이 있었는지 잘 생각이 나지 않는다. 귀가 먹먹해 지고 정신이 아득해서 그냥 히죽히죽 웃고만 있었다는 기억 밖에는……. 뉴욕의 도서관에서 「아델리아 홀 레코드」를 찾아내던 일, 메릴랜드의 국가기록보존소를 방문했던 일, 문정왕후 어보를 찾기 위한 2번의 LA 방문, 메넨데스에게 진정서를 보낸 일들의 기억이 끊어졌다 붙었다 하면서 영화 필름처럼 머릿속을 어지럽게 스쳐가고 있었다. 계란으로 바위치기라며 '응답하라 오바마' 운동을 비웃던 사람들의 냉소를 날려버린 순간이었다.

응답했다 오바마 – 영광스러운 승리의 기록

2014년 4월 25일 오바마 대통령은 박근혜 대통령과 만나 정상회담을 한 뒤, 대한제국 국새를 비롯한 9점의 조선왕실인장을 반환했다. 그 누구도 예상하지 못했던 역사적 쾌거요, 세계 문화재 반환운동의 새로운 전기를 만드는 순간이었다. 한미 정상이 참석한 전달식 이후, 정부는 대한제국 국새의 소장처로 조선왕실의 주요 문화재를 보관하기 위해 건립한 국립고궁박물관을 지정했다. 드디어 대한제국 국새는 자기 집을 찾아 제자리로 돌아온 셈이었다. 안타깝게도 4월 16일 발생한 세월호 침몰 사건으로 이 사건은 제대로 된 평가를 받지 못했다. 한국 정부는 언제나 그랬듯이 진행 과정에서 있었던 민간의 모든 노력들을 무시하고, 오직 정부의 노력으로 오바마 대통령이 대한제국 국새를 반환하게 되었다고 홍보했다.

누가 이 사건을 진행하고 성과를 내었는가가 중요한 일은 아니다. 그러나 나는 미국 대통령으로 하여금 6·25전쟁 당시 미군이 절도한 물건을 반환하도록 노력했던 많은 사람들은 기억되어야 한다고 생각한다. 최소한 이 사건이 정부 주도하의 운동이 아니라 수년 동안 자발적인 민간의 힘에 의해 진행된 것이고, 미국 대통령을 움직이기 위해 남북한의 민간단체와 재미교포들의 노력이 얼마나 중요한 사건이었는가를 기록으로 남겨야 한다고 생각한다.

2014년 현재 세계 최강국의 대통령을 향해 문화재를 반환하라고 목소리를 높이고, 그 일을 성공시킨 것은 한국 정부가 아니라 한국 민족 모두의 힘이었다. 세계 문화재 반환운동 역사의 새로운 지평을 열었던 '대한제국 국새 반환운동'이 양심과 진실의 힘을 믿고 도전하는 사람들에게 희망과 용기를 줄 수 있기를 바라며, 이 영광스러운 승리의 기록을 남긴다.

빼앗긴 문화재를 되찾는 과정은 진실의 위대한 힘을 현실에서 증명하는 일이다.

오바마 대통령이 박근혜 대통령에게 대한제국 국새를 반환하는 모습

3

빼앗긴 문화재를 찾아서

나는 일본에 빼앗긴 우리 문화재를 되찾기 위해서는 남북 공조가 필수라고 생각한다. 1965년 한일협정에 의한 '청구권 소멸'이라는 한계를 넘는 차원에서 뿐만 아니라 '문화재 제자리 찾기'가 민족의 동질성을 회복하는 '민족의 제자리 찾기'에 이르기를 바라는 염원에서 비롯된 소신이기도 하다. (…중략…) 그런 면에서 언젠가 적절한 기회에 평양 율리사지석탑 환수 운동을 북한의 조불련과 함께 진행해야겠다는 마음을 굳게 먹고 있었다.

오쿠라 호텔 정원의 비밀
—
평양 율리사지석탑 반환운동

오쿠라 슈코칸 정원의 비밀

도쿄 중심 오쿠라 호텔 정문 앞에는 일본 최초의 사설 박물관 오쿠라 슈코칸集古館이 있다. 오쿠라 재벌의 창립자 오쿠라 기하치로大倉喜八郎(1837~1928)는 일본 근대화 시기의 사업가로 40세 무렵, 강화도조약의 체결로 부산항이 개항되자 조선 진출에 앞장섰던 사람이다. 1878년에는 시부자와 에이이치澁澤英一와 더불어 부산에서 일본제일

오쿠라 슈코칸 일본의 군수 재벌인 오쿠라 기하치로가 1917년에 세웠다.

| 오쿠라 기하치로의 동상 |

은행의 조선지점을 열었고, 그 후로 무역과 군수업에 주력하면서 거대
상인으로 성장했다.

　그는 특히 오쿠라구미大倉組를 설립하여 건설업에도 적극 진출했
다. 덕수궁 석조전은 이 회사가 시공을 담당하여 준공한 것이었고, 압
록강제재무한공사라는 회사를 설립하여 압록강 유역의 목재를 대규
모로 벌채한 것도 그였다. 조선총독부 청사를 건립할 당시 지반 공사
에 사용된 재료들도 오쿠라가 공급한 목재였다.

　그는 서울 용산에 위치한 선린상업학교(지금의 선린인터넷고등학교)의

오쿠라 호텔에 있던 경복궁 자선당 1923년 화재로 소실되었다.

경복궁으로 돌아온 자선당 유구
관동대지진으로 불에 탄 유구만 남아 있던 것이 1995년 반환되어 경복궁으로 돌아왔다.

설립자였다. '선린善隣'이라는 이름은 '한일우호선린'의 뜻으로 이토 히로부미伊藤博文가 정하여 준 것이라고 전해진다. 1927년 학교 교정에 오쿠라의 동상이 건립되기도 하였으나, 태평양 전쟁의 막바지에 금속물 공출로 철거되었다고 한다.

오쿠라 슈코칸은 원래 조선과 중국 등지에서 수집한 미술품을 수장하기 위해 1909년에 만들어진 것으로 1912년에 일반에게 공개되었다. 이곳은 경복궁의 자선당* 건물을 옮겨다 '조선관'으로 삼아 1917년에 역시 일반에게 공개했던 것으로도 유명하다. 자선당 건물은 1923년 관동대지진의 피해로 소실되어 그 유구遺構만이 오랜 세월 동안 그곳에 남아 있다가, 1995년 신라호텔의 교섭 끝에 우리나라로 되돌아왔다. 지금은 경복궁 한쪽에 따로 전시되어 있는 슬픈 역사의 현장이기도 하다.

이천오층석탑의 반출 경위

오쿠라 슈코칸 정원에는 오쿠라가 일제강점기 조선에서 수집해 간

---

* 자선당은 세자와 세자빈의 침전이며 동궁전이라고도 부른다. 자선資善이란 '착한 성품을 기른다.'라는 뜻이다. 제5대 임금 문종이 세자로 책봉된 뒤 1450년 2월 즉위하기 전까지 20여 년간 머물던 곳이기도 하며, 1441년 7월 단종이 이곳에서 탄생했다. 일제가 조선물산공진회 개최를 핑계로 1914년 동궁 일대를 완전히 철거했는데, 그때 경복궁 철거 업무를 맡아보던 일본인 오쿠라 기하치로가 1915년 일본으로 빼돌려 '조선관朝鮮館' 간판을 달아 미술관으로 썼다. 1923년 관동 대지진 때 불타 없어지고 기단석만 남아 오쿠라 호텔 경내에 방치되어 오다가, 1995년 반환되어 현재 경복궁 내로 옮겨 놓았다.

| 오쿠라 슈코칸 석조 문화재 |

석조 문화재가 즐비하다. 그중에서도 조선총독부의 승인을 받고 경기도 이천에서 가져간 이천오층석탑이 가장 주목을 끌고 있다. 이천오층석탑이 도쿄까지 건너간 경위는 1915년 가을, 경복궁에서 개최된 '시정 오년 기념 조선물산공진회'에서 시작한다. 총독부는 공진회미술관이 건립되면서 야외 전시를 위해 전국에 흩어진 석탑들을 경복궁으로 이전했는데, 그때 이천오층석탑과 원주의 영전사지삼층석탑 등이 선택되었다.

'조선물산공진회'를 진행하면서 이미 경복궁의 자선당을 뜯어 오쿠라 슈코칸을 장식했던 오쿠라는 다시금 탐욕을 드러내, 본래 평양정

| 평양율리사지석탑(왼쪽)과 **이천오층석탑**(오른쪽) |

거장 앞에 놓여 있던 칠층석탑의 일본 반출을 청원했다. 그러나 조선 총독부가 고적조사위원회의 이름을 빌려 이를 불허하고 그 대신 이천 오층석탑을 가져가라고 제의했다. 이천오층석탑은 "제작상 특이한 점이 없을 뿐만 아니라 가량佳良하다고 칭할 만하지 못하며, 일언一言으로써 이를 평한다면 타他에 내력이 있고 또는 우수한 석탑이 많은 조선에 있어서는 특히 박물관에 보존하여 진열품의 하나로 헤아림은 오히려 적당하지 못한 감이 있다."는 이유였다. 그렇게 이천오층석탑은 우리의 품을 떠나 머나먼 도쿄까지 가 버리고 말았다.

　해방 이후 몇 번에 걸친 반환 요구가 있었다. 1965년 한일협정 당시 우리 정부가 일본 측에 반환을 요청한 적도 있었지만, 개인 사유물이라는 이유로 성사되지 못했다. 재일 동포 사회에서도 문제 제기가 있었다. 1996년 재일 교포가 발행하는 월간 『아리랑』 표지에 「오쿠라는 문화재 도적인가?」라는 고발 기사가 실렸고, 여기서 이천오층석탑 반환의 당위성이 중요하게 다루어졌다. 2006년 이후 이천 시민들의 자발적인 반환운동도 주목할 만하다. 이천 시민들은 '이천오층석탑환수위원회'를 조직, 이천 시민 10만 명의 서명을 받아 오쿠라 호텔 측에 전달하는 등 맹렬한 반환운동을 전개하였다.

평양에서 반출된 율리사지석탑

　오쿠라 슈코칸 정원에는 이천오층석탑과 나란히 서 있는 또 하나의 석탑이 눈길을 끌고 있다. 평양 율리사지에서 가져온 석탑이다. 일

『조선고적도보』(왼쪽)**와 여기에 수록된
평양 율리사지석탑**(오른쪽)
『조선고적도보』는 일본인 학자 세키노
타다시関野貞 등이 1915~1935년 동
안 20년간에 걸쳐 우리나라의 고적과
각종 유물들의 사진을 모아 간행한 책이
다. 이 책에는 율리사지석탑이 일본으로
건너가기 전의 사진이 수록되어 있다.

제강점기 조선총독부가 발간한 『조선고적도보』에는 평양 율리사지에
서 있는 율리사지석탑의 사진을 기재한 뒤, 현재 오쿠라 슈코칸에 소
장돼 있다는 설명을 하고 있다. 이로 추정하건대 정확한 경위는 밝혀
져 있지 않았지만, 1915년 이후 어느 시기 오쿠라가 이 탑 역시 조선
에서 일본으로 가져갔다는 사실을 알 수 있다.

평양 율리사지석탑은 그곳에서 식민지뿐만 아니라 분단의 비극까
지도 증언하는 듯싶다. 이천오층석탑의 반환운동은 우리나라 사람들
에 의해 어느 정도 활성화되고 있지만, 평양 율리사지석탑에 대해서
는 평양에서 반출되었다는 이유로 한일 양국 어디서도 별다른 문제
제기가 없는 실정이다.

개인적 소견이지만 나는 일본에 빼앗긴 우리 문화재를 되찾기 위해서는 남북 공조가 필수라고 생각한다. 1965년 한일협정에 의한 '청구권 소멸'이라는 한계를 넘는 차원에서 뿐만 아니라 '문화재 제자리 찾기'가 민족의 동질성을 회복하는 '민족의 제자리 찾기'에 이르기를 바라는 염원에서 비롯된 소신이기도 하다. 실제로 1965년 한일협정 이후 일본으로부터 우리가 되찾은 북관대첩비나 『조선왕조실록』, 『조선왕실의궤』 모두 남북 공조의 틀에서 진행되었다는 면이 이 점을 반증한다. 그런 면에서 언젠가 적절한 기회에 평양 율리사지석탑 환수운동을 북한의 조불련과 함께 진행해야겠다는 마음을 굳게 먹고 있었다.

그러던 중 2010년에 드디어 기회가 왔다. 『조선왕실의궤』를 돌려주겠다는 간 총리의 담화 이후, 나는 북한의 조불련과 진행할 다음 사업으로 '평양 율리사지석탑 반환운동'을 제안했고, 북한도 이 제안에 대해 흔쾌히 수락했다. 그리고 몇 번의 추가적 협의를 거쳐 2011년 3월 북한의 '조불련중앙위원회'는 평양 율리사지석탑 반환운동에 대한 진행의 모든 권한을 남한의 '문화재제자리찾기'에 위임한다는 내용의 위임장과 합의서를 보내 왔다

두 석탑이 제자리로 돌아오기를 바라며

2011년 5월 13일 도쿄 오쿠라 호텔에서 '『조선왕실의궤』 환국 축하연'이 열렸다. 『조선왕실의궤』 등 1,205책의 일본 궁내청 소장 도서를 한국으로 반환하기 위한 '한일 도서협정'이 4월 28일 일본 중의원

지진으로 파손된 이천오층석탑
4층 몸체 부분이 떨어져 나간 모습이다.

을 통과함에 따라 사실상의 모든 법률적 절차가 마무리되었기 때문이
다. 이날 연회에는 환수위 공동의장 정념 스님, 최재성, 박영선 의원
을 비롯해 서울시의회 의장과 환수위 관계자 70여 명, 일본에서 환수
위 활동을 지원해 준 국회의원, 시민 단체 인사 100여 명 등이 참석한
성대한 자리였다. 대한제국 황실의 상징적 적통을 계승한 황사손皇嗣
孫(황실의 대를 잇는 후손) 이원(전주이씨대동종약원* 총재) 씨도 참석하여
일본에서 그동안 조력해 주신 분들께 감사패를 증정해 주었다.

　그날 행사의 일환으로 우리는 평양 율리사지석탑 앞에서 성명서를
낭독하고 반환 요청서를 전달했다. 문화재 반환에 대한 시대적 흐름을
오쿠라 호텔 측에 알리고, 그들 역시 일제강점기를 반성하는 의미에서
평양 율리사지석탑과 이천오층석탑을 반환해 줄 것을 촉구하기 위함
이었다. 하지만 성명서를 낭독하고 석탑을 자세히 살펴보면서 우리는

＊　1955년 숭조崇祖와 돈종惇宗을 바탕으로 조선 및 대한제국의 유·무형 문화재의 보존, 관
리와 전통문화를 계승·발전시키기 위해 만든 사단법인으로, 전주 이씨 종친회이다.

이천오층석탑에 중대한 변화가 생긴 것을 알고 깜짝 놀랐다. 당시 이천오층석탑에 철재 구조물이 설치되고 공사 가림막으로 일부가 둘러쳐져 있었다. 이유를 들어보니 3월에 있었던 일본 대지진의 여파로 석탑의 4층 몸체 부분이 파손되고, 탑 전체가 뒤틀렸다고 한다. 생각지도 못한 의외의 상황이었지만, 어쨌든 우리의 발견으로 이천오층석탑이 일본 대지진의 피해를 입었다는 사실이 외부에 알려지게 되었다.

'『조선왕실의궤』환국 축하연'이 있었던 5월 13일 이후, 사건은 새로운 전기를 맞고 있다. 남북 공조를 통해 평양 율리사지석탑에까지 반환운동이 점화되기 시작했고, 이천오층석탑이 지진 피해를 입은 사실이 한일 언론에 보도됨으로써 오쿠라 슈코칸 측은 당황한 기색이었다.

누구도 역사의 대세를 거스를 수는 없는 법이다. 불법 반출된 우리의 민족 문화재를 하루라도 빨리 되돌려주기를 거듭 촉구한다.

평양 율리사지석탑 반환 요청서

이 문서는 2011년 5월 오쿠라 호텔에 전달한, 일제강점기 불법 반출된 고려 석탑 2기의 반환을 요청하는 서신이다.

'조선왕실의궤환수위'와 '문화재제자리찾기'는 지난 2006년 9월 출범한 이래, 일본 궁내청 소장 『조선왕실의궤』의 반환을 위해 노력한 단체입니다. 우리는 2005년 야스쿠니 신사의 북관대첩비 반환을 계기로 북한의 '조선불교도연맹'과 연대해 왔습니다. 이후 남한의 '환수위'와 북한의 '조선불교도연맹'은 문화재의 반환을 위해 공동의 노력을 다할 것을 합의했고, 도쿄대 소장 『조선왕조실록』 반환운동, 궁내청 소장 『조선왕실의궤』 반환운동도 함께 진행해 왔습니다.

일본 정부는 2010년 간 총리의 담화를 통해 '조선총독부의 기증으로 일본으로 건너온 문화재'의 반환을 언급했고, 이에 수반되는 조치로써 중의원의 승인을 거쳐 궁내청 소장 도서를 한국으로 인도하였습니다. 이에 환수위는 의궤 반환에 동의해 준 일본 국민들에게 감사하면서, '『조선왕실의궤』 환국 축하연'을 오쿠라 호텔에서 거행하게 되었습니다. 이는 새롭게 시작하는 한일 역사의 흐름에 오쿠라 슈코칸 大倉集古館이 용기 있게 동참해 주실 것을 호소하기 위함입니다.

'환수위'와 '조선불교도연맹'은 오쿠라 슈코칸의 평양 석탑에 대해 주목해 왔습니다. 우리는 이미 2002년 평양 선언에 명시된 '문화재 반환' 관련 조항에 유의하면서, 조일 수교에서 논의될 문화재 반환 협상 목록에 평양 석탑을 언급하기로 합의했습니다. 나아가 의궤 반환이 성사됨과 동시에 '평양 석탑의 반환운동'을 추진하기로 약속하고, 저희에게 일체의 법률적 권리를 위임, 대리할 수 있는 위임장을 부여했습니다. 이에 우리는 '조선불교도연맹'의 위임에 따라 평양 석탑을 원산국으로 반환해 주실 것을 촉구합니다.

일본 정부도 북한과 정식 수교를 체결하기 위한 여러 가지 움직임이 있다고 들었습니다. 북일 수교 과정에서 우선적으로 오쿠라 슈코칸의 평양 율리사지석탑이 거론된다면 일본 외무성으로서도 곤란한 일이 될 것이라고 생각합니다.

우리는 대립과 분쟁보다 우호와 협력에 입각한 한일관계를 원합니다. 귀 호텔이 결단을 내려 이천 석탑과 평양 석탑을 남북으로 돌려준다면, 일본 외무성의 난처한 입장을 해결해 줄 뿐만 아니라 조일 관계와 한반도의 남북문제, 동북아시아의 화해를 이끌어 낼 수 있으리라 생각합니다. 북으로부터 받은 위임장으로 법률적 처분이나 소송을 제기하기보다는 대화와 협상을 통해 문제 해결에 도달하고자 합니다. 귀 관에서도 역사의 흐름을 직시하면서 새로운 한일관계, 그리고 동북아시아의 화해를 위해 배려해 주시기를 거듭 당부드립니다.

2011년 5월 13일

인질로 잡혀간 조선 대원수 투구

—

오구라 컬렉션

약탈 문화재 '오구라 컬렉션'

지난 2010년 10월 도쿄에서 희귀한 책 한 권과 만났다. 일제강점기 한반도 전역을 헤집으며 '도굴왕'의 칭호를 들었던 오구라 다케노스케小倉武之助(1870~1964)가 기록한 『오구라 컬렉션 목록』이라는 수기手記였다.

『오구라 컬렉션 목록』(소화 39년, 1964)은 그동안 국내에 입수되지 못했던 자료이다. 이 자료는 지난 2010년 11월 『조선왕실의궤』 환수 심포지엄에 참가하기 위해 도쿄에 방문했을 당시, 고려박물관 이소령 이사님이 가지고 계신 자료를 복사하여 입수할 수 있었다. 이 책은 '오구라 컬렉션'*을 수집한 오구라 자신이 사망하기 직전 유물을 어디서

---

* 오구라가 불법 반출해 간 문화재로, '오구라 컬렉션'에 포함된 우리나라 문화재 중 39점이 일본 중요 문화재로 지정되어 있다.

| 오구라 다케노스케 |

| 그의 아들 야스유키 |

수집했는지를 정리한 것으로, 유물의 정확한 출토지와 유통 경로 등을 파악할 수 있는 매우 가치 있는 자료라고 할 수 있다. '오구라 컬렉션'이란 재단법인 오구라컬렉션보존회의 설립자인 오구라 다케노스케가 오랜 세월에 걸쳐 수집해 온 천여 점의 고고 자료, 미술 공예품을 총칭하는 말이다. 오구라는 조선에서 대구전기회사를 설립하여 사장이 되었고, 이 회사는 더욱 발전하여 대흥전기, 남선합동전기를 거쳐 마침내는 조선 제일의 전기회사가 되었다. 오구라는 풍부한 재력을 바탕으로 온갖 방법(도굴 등)을 동원하여 조선 유물들을 수집했고, 오구라의 사후 그의 아들 야스유키安之가 80년대 초 아버지의 컬렉션을 도쿄국립박물관에 기증했다.

지금까지 국내에는 이 목록에 대한 연구나 조사가 없었지만, 도

오구라 컬렉션 목록 서문 및 표지

쿄국립박물관 측은 오래전 자료를 입수하여 이를 토대로 연구 활동을 진행한 듯 보인다. 국립문화재연구소가 도쿄국립박물관의 도움으로 편찬한 『일본 도쿄국립박물관 소장 오구라 컬렉션 한국 문화재』에는 사토 아키오在藤昭夫(전 도쿄국립박물관 학예부장)의 「오구라 컬렉션에 대하여」라는 해제가 실려 있는데, 이 해제에도 『오구라 컬렉션 목록』에 대한 인용을 하고 있다. 이 인용에 따르면 오구라는 자신이 편집한 『오구라 컬렉션 목록』 머리말에 다음과 같은 사실을 밝히고 있다.

> 나는 사학, 고고학에 관해서는 일개 문외한에 지나지 않다. 그러나 다만 오랜 세월에 걸쳐 흥미나 취향이 가는 대로 수시로 여기저기에서 수집했다.
>
> 일본 고대사 중에는 의외로 조선의 발굴품과 고미술품을 근거로 하여 비로소 명확해질 수 있는 부분이 많은 것에 놀랐다. 나는 이런 견지에서 굳이 고미술이라 부르지 않고 가능한 조선의 옛 기물을 계통적으로 정

비, 보존하는 것은 일본 고대사를 천명하는 것만이 아니라 극동 퉁구스
족 문화 연구에 공헌하는 것이라 생각하여 수년에 걸쳐 이 수집에 미력
을 다해 왔던 것이다.

— 『오구라 컬렉션 목록』 머리말 중에서

인질로 잡혀간 조선 대원수의 상징

　도쿄국립박물관이 소장한 '오구라 컬렉션'에는 우리나라에서조차
존재하지 않는 국보급 유물이 상당히 많이 포함되어 있다. 일제강점
기 조선총독부는 한반도 전역에 조선 고적 조사 사업이라는 이름으
로 문화재 발굴을 실시했는데 그 과정에서 수많은 문화재들이 일본으
로 반출되었다. 특히, 오구라는 문화재를 반출했던 대표적 인물로 그
의 컬렉션 상당수가 도굴에 의한 수집품이었다. 1965년 한일협정 당
시 반환 요구 대상에 포함되기도 했으나 이것 역시 개인 소장품이라
는 이유로 반환되지 못했고 지금까지도 특별한 대책 없이 사실상 반
환이 무산된 채로 이어져 왔다.

　일제강점기 36년 한반도의 방방곡곡을 누비며 고분을 파헤치고
도굴해 간 문화재들을 '개인 소장품'이라는 이유로 되찾을 수 없는 우
리의 현실이 너무 무기력하기만 했다. 한일협정으로 대일 청구권이 종
결되었다는 현실적인 어려움에도 불구하고 '오구라 컬렉션'에 대한 미
련을 끝내 버리지 못한 이유 중 하나는 용봉문 투구龍鳳文冑 (전체 길이
74.1cm, 둘레 20cm, 유물번호 TK-3445)라는 문화재가 가진 매혹 때문이

기도 했다. 이 문화재는 다른 문화재와 달리 제왕의 기풍을 가지고 있는 특이한 물건이었다. 투구의 양 옆에 용과 봉황이 새겨져 있고, 금으로 도금된 것이 당시 최고의 군사 권력자이거나 제왕의 투구가 아닌가 하는 의심을 사기에 충분했다.

문화재청을 비롯한 관계 전문가와 수차례 만나 용봉문 투구에 대한 의견을 나누어 왔는데, 그동안 논의된 사안의 결론은 '추정'은 가능하지만 '확정'하기 힘들다는 의견이 지배적이었다. 그런 와중에 나는 지난 2010년 11월 도쿄에서 접한 『오구라 컬렉션 목록』이라는 책을 통해 수년간에 걸친 용봉문 투구에 대한 의혹을 종결지을 수 있었다.

2005년 국립문화재연구소가 발행한 『오구라 컬렉션 도록』은 오구라 컬렉션 중 '복식 문화재'에 대해 다음과 같이 쓰고 있다.

> 용봉문 투구의 경우, 투구 첨단에 옥봉玉鳳을 장식하거나 부분적으로 파란琺瑯 장식 등의 정교하고 화려한 기법과 함께 오조룡五爪龍 문양을 사용하는 등 형태나 재질, 장식적인 면에서 볼 때 왕실의 최고위층, 다시 말해 왕이나 왕세자가 착용한 물건임을 짐작케 한다.
>
> ─『오구라 컬렉션 도록』 중에서

이번에 발견한 책에서 오구라는 투구가 '조선 왕가의 전래품'이었다고 스스로 기술하고 있다. 이는 그동안 추정이나 심증에 머물렀던 투구의 주인이 밝혀졌다는 점에서 큰 의미가 있다.

대원수의 투구는 아직까지 국내에서조차 발견된 적이 없었다. 정확히 말하자면 우리는 조선시대 임금의 투구가 있었다는 것은 알고 있지만, 어떻게 생겼는지 전혀 알고 있지 못한 상황이었다. 그런데 『오구라 컬렉션 목록』을 통해 우리는 비로소 임금이 쓰는 투구의 특징을 알게 되었다. 왕실에서 전래된 대원수의 투구는 다른 용봉문 투구(장군, 혹은 원수가 사용)와는 다르게 양 옆에 날개가 붙어 있는 점이 눈에 띈다. 이것은 매우 중요한 미술사적 발견이 될 것이다.

한 가지 더 들자면, 『오구라 컬렉션 목록』은 오구라 컬렉션이 도굴된 물건이라는 점과 취득 경위의 불법성 등을 입증할 수 있는 자료이기 때문에 앞으로 '오구라 컬렉션' 반환운동에 더욱 활력을 불어 넣는 실질적인 자료로 활용될 수 있으리라고 기대하고 있다.

이외에도 『오구라 컬렉션 목록』을 통해 '오구라 컬렉션'에 조선 임

익선관 평상시 정무를 볼 때 착용하는 왕관 (도쿄국립박물관 소장)

금의 익선관翼善冠(높이 19cm, 유물번호 TI-446) 등이 포함되어 있다는 사실을 알게 되었다. 이는 주목할 만하다. 익선관은 임금의 정무 복식인 곤룡포袞龍袍에 갖추어 쓰는 관모冠帽로, 정무를 볼 때 착용한 정치권력의 최고 상징물이다. 『오구라 컬렉션 목록』은 익선관의 주인이 고종 황제였다는 점까지 밝히고 있다.

조선시대 군사 권력의 최고 상징인 투구, 정치권력의 최고 상징인 익선관이 도쿄국립박물관에 아직까지 인질처럼 보관되어 있다는 사실은 망국亡國 100년을 지낸 시점에서 많은 것을 생각하게 한다. 우리는 언제까지 최고의 보물을 빼앗기고도 보고만 있어야 하는 것일까? 언제까지 조용히 모른 척하며 살아야 하는 것일까?

나는 이 문제에 대한 해답을 조선왕실의 상속자, 황사손皇嗣孫과 대동종약원이 함께 풀어 나가야 한다고 생각한다. 한일협정으로 인하여 정부의 공식적인 대응이 어려운 시점에서 왕실의 후계자들이 나서서 고종이 사용한 투구와 익선관에 대해 상속권을 주장하여 일본 정부와 협의에 나서야 한다. 그러면 조선왕실이 일제에 철저히 유린당한 아픔을 '투구'의 반환 문제로 조금이나마 치유할 수 있을 것이다.

왕실의 후계자들 외에 이 문제의 당사자가 될 수 있는 사람은 전무하다. 황사손과 같은 분이 직접 도쿄국립박물관에 문제를 제기하여 상속권을 주장한다면 이해 관계자로서 당사자의 능력을 충분히 입증받을 수 있을 것이고, 도쿄 지방재판소에 '동산 인도 청구의 소'도 제기할 수 있다고 생각한다. 한때 이 땅의 주인이었던 왕실 후계자들과 대동종약원의 지혜로운 결단과 용기에 희망을 걸어 본다.

조선 제왕의 갑옷

도쿄 국립박물관에 소장되어 있는 이 유물은 전투용 갑옷이 아니라 의식 때 의례용으로 착용하는 두
정갑옷이다. 겉감은 우단羽緞이며 흑색 추상 문양의 쌍만자문雙卍字紋 대접문이 어깨와 전후면에
자리잡고 있다. 깃에 연이은 여밈의 가장자리와 아랫단, 옆트임, 소맷부리는 수달피水獺皮를 둘렀다.
(…중략…) 형태나 재질, 장식적인 면으로 보아 최고의 고위층에서 사용한 것으로 추측된다.

― 국립문화재연구소의 설명

조선 대원수 투구 반환을 위한 대장정

투구를 처음 보았을 때 한마디로 좀 놀랐다. 2013년 10월 1일 설레는 마음으로 도쿄국립박물관 동양관 전시실을 들어섰을 때, 그곳에서 그토록 바라보고 싶었던 조선 국왕이 착용한 '대원수 투구'가 전시되어 있었다. 조명을 받아 빛나는 황금 용 문양과 백옥 장식을 넘어서 거기에는 분명 무언가가 뿜어져 나왔다. 투구를 직접 보기 직전까지 이것이 조선왕실에서 대대로 고종까지 전래된 '조선 대원수 투구'임을 어떻게 알 수 있냐고, 약간의 비아냥거림을 섞어서 질문하던 기자들조차 더 이상의 의심을 접었다. 투구에 서린 장엄한 아우라는 군신軍神의 가피加被가 함께하는 대원수의 투구임을 분명히 느끼게 했다. 국내에는 한 점도 존재하지 않았던 완벽한 형태의 대원수 투구를 결국 찾아내었구나! 바로 이 투구의 존재를 세상에 드러내기에는 무려 3년의 노력이 필요했다. 돌이켜보면 기적과 같은 사실의 연속이었다.

조선 대원수를 만나기까지의 시간들

2012년 4월 23일 오후 1시, 일본 도쿄 중의원 제2의원회관에서 오구라 컬렉션 조선 대원수 투구와 관련된 첫 번째 진검승부가 있었다. 『조선왕실의궤』 반환운동을 지원해 주었던 일본 공산당 가사이 아키라 의원의 도움으로 일본 문부성과 도쿄국립박물관 관계자가 국회에 출석 문화재제자리찾기 측과 면담을 가졌다. 약 1시간가량 진행된 이 면담은 시종일관 팽팽한 긴장감 속에서 진행되었다. 이날 면담을 통해 도쿄국립박물관 측에 조선 대원수 투구에 관한 그동안의 의문을 해명하라고 강력히 요구했다. 도쿄국립박물관과 문부성은 이날 조선 대원수 투구가 조선 국왕이 사용한 물건이었다는 점을 인정했다. 일본 측이 조선 국왕의 물품을 다수 보유하고 있다는 점을 인정했다는 것은 오구라 컬렉션 문제에서 일종의 진전이었다.

조선왕실의 소유품이라면 개개인의 매매로 유통될 수 없는 물건이었다. 게다가 1910년 국권을 빼앗긴 뒤에도 '궁내부장관'이란 부서가

| 2012년 4월 일본 중의원 회관에서 열린 오구라 컬렉션 관련 간담회 |

조선왕실의 유물과 재산을 관리했으므로 허가 없이 왕실의 물건이 민간이나 해외로 유출되는 것은 명백한 불법행위였다. 하물며 '임금의 투구'와 같이 상징성 큰 물건이 매매되어 일본으로 넘어갔다는 것은 도굴 혹은 절도가 아니면 불가능한 행위였을 것이다.

그날 이후 오구라 컬렉션에 대한 문제 제기를 위해 '조선 대원수 투구'의 특별 열람과 공개를 신청해 왔다. 그리고 여기에 더 큰 명분을 갖추기 위해 일본 시민단체들과 연대하는 한편 고종의 후손인 황사손 이원 씨를 찾아가 함께 동참해 줄 것을 호소해 왔다. 그런데 뭔가 중간에서 일이 틀어져 버리고 말았다. 일본 시민단체, 국회의원 그리고 문화재제자리찾기 등과 함께 협력하던 도중에 황사손의 입장이 바뀌어 버렸다. 황사손은 이 문제의 해결을 위해 지난 수년간 노력해 왔던 사람들과 협의 없이 2013년 2월께 일본에 가서 비밀리에 단독으로 '특별 열람'을 했다. 그분이 왜 그랬는지 정확한 이유는 알지 못한다. 혹시 내가 그분에게 큰 실수를 했기 때문에 벌어진 일이 아닐까 하는 자책감에 곰곰이 반성해 봐도 그럴 일은 전혀 없었던 듯하다. 게다가 그 후 황사손은 "황실의 후손이 직접 문화재 환수운동에 적극적으로 나서거나 반환청구 소송을 제기하는 것에는 찬성하지 않는다. 우선 후손된 도리를 다하기 위해 열람하는 것이 중요했기 때문에 단독 신청했다."는 말씀을 하셨다. 황사손 이원 씨가 단독 열람 이후 소극적 자세로 전환하고, 전주이씨 대동종약원 측도 민족문화재 환수란 주제로 이 운동을 전개할 의향은 없는 듯했다.

2013년 2월 중순 어쩔 수 없이 고려박물관 이소령 이사님과 도쿄국립박물관에 열람신청서를 접수하고, 더 이상 공개를 거부한다면 '정보공개 청구 소송'을 제기하겠다고 최후 통첩했다. 그로부터 3개월 뒤 도쿄국립박물관으로부터 뜻밖의 낭보를 전달받았다. 2013년 10월 1일부터 12월 23일까지 한시적으로 '조선 대원수 투구'를 공개하겠다는 통보였다. 드디어 조선 최고 군 통수권자인 '대원수 투구'를 직접 보게 되겠구나! 나는 어린아이처럼 몇 달간 마음이 설레어 하루하루를 손꼽아 기다리며 도쿄로 향했다.

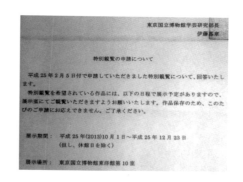

조선 대원수 투구를 2013년 10월 1일부터 공개하기로 결정한 도쿄국립박물관의 서신

조선 대원수 투구 조립 착오

대원수 투구를 본 뒤 느낀 일종의 놀라움과 분노는 귀국 후 며칠이 지나서도 잘 가시지 않았다. 일본에 잡혀간 조선군 최고 통수권자의 투구를 어떻게 탈출시켜야 하는가! 도쿄에서 조선 국왕을 만난 분노는 아무래도 사그러들지 않았고, 무심히 방관하는 우리 정부에 대한 원망이 피어 올랐다.

> 일본 국민의 양심에 묻습니다. 나는 왜 일본에 있는 것입니까? 나는 한때나마 조선의 국왕이었습니다.

투구가 내게 이런 말을 하고 있는 것 같았다. 투구 생각에 막막해져

| 1982 |

| 2005 |

| 2013 |

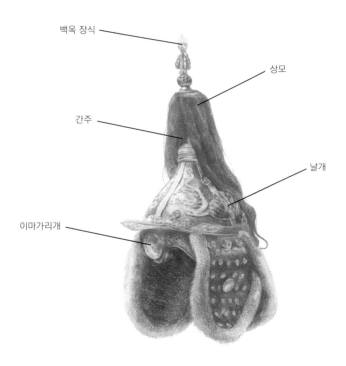

백옥 장식

상모

간주

날개

이마가리개

관련 자료를 살펴 보던 나는 한 가지 이상한 점을 발견했다. 투구가 도쿄국립박물관에 기증된 1982년의 사진, 2005년 한국국립문화재연구소에서의 공개 당시 사진, 2013년 10월 1일 공개된 사진 모두 투구의 머리장식 부분이 다르다는 점이었다.

조선 투구의 머리 장식에는 간주幹柱라고 불리는 기둥에 상모象毛라고 불리는 붉은 수술이 장식되는데, 각각 시기를 달리하여 촬영된 3가지 사진 모두에서 간주와 상모의 모양이 다르게 촬영되어 있다. 1982년 『도쿄국립박물관 도록』에 수록된 사진에는 상모가 없고, 2005년 한국 국립문화재연구소 촬영사진에는 상모가 나타나며 상단 간주가 길게 올라와 있었다. 반면 이번 10월 1일에 촬영된 사진에는 상단 간주 바로 밑 부분에 상모가 높이 조립되어 공개되었다.

나는 도쿄국립박물관이 공식적으로 공개한 3가지 사진의 상모위치가 계속 바뀌고 있다는 점을 볼 때, 어쩌면 정확한 조립 방법과 투구의 원래 모습을 모르고 있는 것이 아닌가 생각이 들어 도쿄국립박물관에 조립 착오 의혹을 제기했다.

도쿄국립박물관 측은 의혹 제기에 대해 "1982년 촬영 당시 (상모 등) 부품을 조립할 때 뭔가 착오가 있었다고 생각한다, 이번 전시를 위해 연구원이 구조를 상세히 관찰했고 청나라 건륭제乾隆帝의 갑옷과 투구 사진 등을 분석해 상모를 투구 머리 장식에 붙은 기둥인 '간주幹柱' 상단에 가깝게 위치시키는 게 타당하다는 판단했다."고 답변, 그간의 과실을 인정했다.

뜻밖의 상황이 연출되어 버린 셈이었다. 이에 나는 "도쿄국립박물관이 조선 임금이 착용한 대원수 투구의 조립법을 몰랐다는 것은 정상적 유통경로를 통해 수집하지 않았다는 것의 간접적 증거이며 관리

| 도쿄국립박물관의 착오 인정 답변 |

와 연구를 부실하게 해왔던 결과라고 본다. 도쿄국립박물관은 일본 최고의 박물관답게 유물의 연구 관리에 좀 더 신중하고 정교하게 임해주길 촉구하고 싶다. 또한 청나라 건륭제의 투구를 분석해서 조선 대원수 투구의 원형을 고증하는 방식에도 문제가 있어 보인다. 한국의 국립중앙박물관이나 문화재청의 조언을 구해 정확한 원형을 복원, 전시해 주기 바란다."고 답변했다.

도쿄국립박물관은 조선 대원수 투구의 공개를 통해 도난품 의혹을 해소하고 잘 보존하고 있다는 주장을 펴려고 했지만 뜻밖의 조립 착오 문제에 봉착해서 수세에 몰리고 있었다.

오구라 컬렉션 반환을 위한 법정 투쟁

    나는 여세를 몰아 도쿄국립박물관이 도난품을 보관해서는 안된다는 취지로 2014년 8월 일본 법원에 '도굴품 보관중지 신청'을 접수했다. 오구라 컬렉션 중 조선 대원수 투구, 금관총 유물 등 34점은 도굴품이란 사실이 문헌적으로 증명되므로 일본 국립박물관이 소장하는 것은 '국제박물관 윤리강령'에 위배된다는 논리였다. 대부분의 사람들은 도쿄 간이재판소에 제출한 조정신청을 법원이 받아들이지 않을 것이라고 생각했지만, 일본 법원은 조정기일을 지정, 일본 문부성과 도쿄국립박물관에게 출석요구서를 보냈다. 조정신청서의 내용이

| 도쿄국립박물관 조정신청 후 방문 |

나름 타당하다고 판단했기 때문이다. 법원의 출석요구서를 받은 일본 문부성과 도쿄국립박물관은 2014년 11월 재판정에 출석했다. 법원은 양측의 의견을 들은 뒤 "신청인이 소유권자가 아니므로 조정 불성립"을 결정했지만, 일본 문부성을 법정에 출석시켰다는 점에서 주요한 성공이었다고 생각한다. 나아가 조정 불성립 후 나는 다음 단계인 행정소송을 제기했다. 일본 국립박물관에 도난품의 소장을 중지하라는 신청에 대해 거부결정을 내린 것은 위법한 행정 처분이란 취지였다. 어떤 나라이든지 국립기관은 도난품을 소장해서는 안 된다는 소신을 밝힌 사건이었다.

오구라 컬렉션 반환을 위한 초석

1965년 한일협정 당시 일본 외무성은 '오구라 컬렉션의 반환'에 대해서 진지하게 고려하고 있었다. 2014년 한일협정 문서 공개 재판을 통해 일본에서 공개된 문서에는 "오구라 컬렉션 중 일부를 일본 외무성이 오구라에게서 구입(당시에는 오구라 컬렉션을 오구라가 소장하고 있었음)해서 한국 측에 반환하는 것이 좋겠다."고 기술되어 있을 정도였다. 우리 정부가 1965년 당시 문화재 반환 문제에 좀 더 적극적이었다면 오구라 컬렉션은 일부 반환받을 수도 있지 않았을까? 나는 오구라 컬렉션 반환 문제에 대해 생각하면 언제나 한일협정에서의 안이한 대응에 마음이 아프다. 어쩌면 우리는 그때부터 지금까지 50년 동안 오구라 컬렉션을 놓고 해결해야만 하는 민족사적인 숙제를 하고 있는지도 모르겠다.

사람들은 내게 묻는다. 일본법원에서 승소할 것도 아닌데 법정투쟁을 벌이는 이유가 뭐냐고. 결과가 패배로 정해져 있는 사건에 그렇게까지 열정을 쏟아 부을 필요가 있겠냐고. 나도 일본 법원에서의 법정 투쟁이 승소로 이어질 것이라고 생각하지는 않는다. 그러나 어떤 사건은 반드시 법정에서 이겨야만 이기는 것은 아니라고 생각한다. 나는 오구라 컬렉션 반환에 성공하기 위해서는 누군가가 반환할 수밖에 없는 논리적 사고를 만들어 내고 그것을 문서로 정교하게 주장하는 일이 선행되어야만 한다고 본다. 불행하게도 내 앞에 그런 사람이

| 공개된 조선 대원수 투구를 살펴 보는 모습 |

조선 대원수 투구 반환을 위한 대장정

없었기에 그 작업을 내가 하지 않으면 안 될 것 같은 생각이 들어 나는 오구라 컬렉션 반환운동의 증거를 발굴하고 논리를 구축하는 것이다. 그런 과정이 계속되면 한일협정 50주년, 혹은 북일 수교 과정을 통해 오구라 컬렉션을 우리 민족의 품으로 반환받는 일이 현실적으로 가능하지 않을까 하는 기대를 가질 수밖에.

2014년 11월 6일 오구라 컬렉션 반환 관련 조정신청은 패배했지만, 더 중요한 진전을 거두었다. 2014년 11월 29일 김종덕 문화부장관은 일본 시모무라 문부성 장관을 만난 자리에서 '오구라 컬렉션 반환 문제'를 언급했다. 한일협정 이후 최초로 장관급 회담에서 의제로 오구라 컬렉션 문제가 다루어진 것이다. 이렇게 한 발 한 발 다가가다보면 조선 대원수 투구가 우리 민족의 품으로 되돌아 올 날이 기필코 있을 것이란 점을 믿어 의심치 않는다.

부처님 진신사리를 찾아가다

—

라마탑형 사리구를 찾아서

보스턴 미술관을 찾아가다

2009년 1월 6일 나는 미국 뉴욕행 비행기에 몸을 실었다. 미국 보스턴 미술관이 소장한 고려시대 '라마탑형 사리구'의 반환운동을 진행하기 위해서였다. 사리구는 일제강점기인 1939년 도굴되어 일본에 반출된 뒤, 미국 보스턴 미술관이 매입하여 현재에 이르고 있다. 나는 지난 수년간 '라마탑형 사리구'의 자료 조사를 하며 반환운동을 준비해 왔다. 그중 가장 중요한 사항이 북한의 조불련으로부터 위임장을 받는 일이었다. 사리구의 출토지가 양주의 회암사 혹은 개성의 화장사로 추정되었기 때문에 북한의 위임장이 절대적으로 필요한 사항이었다. 2008년 평양을 방문했을 때 북한의 조불련과 긴밀한 논의가 있었고, 합의서와 위임장 작성이 완료되자 정병국 의원, '조계종중앙신도회' 등과 함께 2009년 1월 미국 보스턴 미술관 방문을 실행한 것이었다. 나는 3개월간 현지에 체류하면서 보스턴 미술관과 두 차례 면담을 하고 10여 차례 서신을 교환하며 '라마탑형 사리구'의 반환운동

| 보스턴 미술관 방문 문화재재자리찾기 관계자들이 보스턴 미술관을 방문하여 사리를 친견하고 있다. |

을 펼쳤다. 그 결과 부처님 진신사리, 지공 스님·나옹 스님의 사리를 돌려받는 것에 대한 잠정적 합의에 이르렀다. 단, 보스턴 미술관은 사리 반환의 전제 조건으로 정부의 지지 의사 표명을 요구했다. 나는 이 부분에 대해 문화재청장이 무난히 동의해 줄 것으로 생각했다. 그런데 뜻밖에 문화재청장이 계속해서 사리만의 반환에 반대하면서 애써 얻은 잠정적 합의가 원천 무효의 위기에 몰리게 되었다.

사안이 난관에 부딪히자 '문화재제자리찾기' 등은 다시 한 번 재고再考해 줄 것을 각 기관에 요청, 지난 2009년 10월 28일 보스턴 미술관 동양미술부장 제인 포털과 당시 이건무 문화재청장, 본인 등이 배석한 가운데 고궁박물관에서 최종적 회의가 열렸다. 하지만 이날도 문화재청장은 '사리만의 반환에 정부는 동의할 수 없다.'고 강력하게

보스턴 미술관의 서신
사리를 반환할 용의가 있음을
밝히고 있다.

거부함으로써 모든 것을 원점으로 돌려놓았다.

돌려받을 기회를 놓친 사리

'사리만의 반환' 주장에 문화재청장이 동의할 수 없는 이유로 든 내
용은 받아들이기 힘들었다. 그 이유는 첫째, '사리와 사리구는 분리될
수 없다.'며 사리만의 반환에 반대했다. 그러나 그동안 문화재청은 '사
리와 사리구'를 분리해 왔다. 예를 들어, 경주 감은사에서 출토된 보물

제366호 감은사지서삼층석탑 사리장엄구에서 나온 사리의 경우, 사리장엄구와 분리되어 1996년 다시 감은사탑에 봉안되었다. 보물 제928호 봉인사 사리탑 및 사리장엄구의 경우도 마찬가지이다. 정부는 1987년 오사카 시립미술관으로부터 기증받은 뒤, 사리장엄구와 사리를 분리하여 원 사찰인 봉인사로 돌려주었다. 사실이 이러함에도 불구하고 문화재청이 '사리구와 사리는 분리될 수 없다.'는 이유로 사리만의 반환을 거부하는 것은 쉽게 이해되지 않는 일이었다.

둘째, 문화재청장은 일괄 문화재 중 부분만을 돌려받을 수 없다고 말했다. 그러나 정부는 이미 1996년 야마구치 현립대가 소장한 '데라우치 문고'의 일부 귀환에 대해 지지하고 승인한 전례前例가 있었다. 심지어 2006년 정부는 일제강점기 백제 송산리 고분군 등을 도굴한 가루베의 유족들이 공주국립박물관에 고작 기와 6점을 기증할 당시에도 완전한 반환을 계획한 일이 없었다. 당시의 반환이 자칫 가루베의 도굴 행각에 면죄부를 줄 수도 있으며, 혹시 있을지도 모르는 다른 약탈 문화재가 돌아올 수 있는 길을 영영 막을 수 있다는 지적에 대해 공주국립박물관은 "그런 점을 우리도 고민하지 않은 것은 아니다."라

| 보스턴 미술관 관장과의 회의 |

| 보스턴 사리구 |

고 하면서 "하지만 유물이 아무리 가치가 없다고 해서 돌려준다고 하는데 안 받을 수도 없지 않느냐."라고 반문하기조차 했다.(「가루베 도굴 유물 겨우 4점 반환」, 『연합뉴스』, 2006.11.28.)

　국립중앙박물관의 경우도 유물 기증자가 기증 의사를 밝힌 유물만을 기증받았을 뿐, 완전한 기증이 아닌 경우 기증 제의를 거절한 적은 없었다. 후지쓰카 지카시*가 추사 김정희 유물을 과천문화원에 기증할 때에도 완전한 기증이 아니어서 부분만의 기증은 받지 않는다

---

*　1948년 사망. 그가 생전에 수집한 추사 김정희의 자료들을 그의 아들 후지쓰카 아키나오가 두 번에 걸쳐 기증했다.

는 입장을 정부 관계자들이 피력한 적은 없었다.

　셋째, 문화재청은 만약 사리만을 받을 경우, 훗날 사리구의 반환이 문제되었을 때 또다시 사리 반환 이상의 논의가 진전되기 어렵다고 주장했다. 그러므로 사리만 반환받는 것은 좋지 않은 선례를 남기는 것이라고 여겼다. 그러나 사리와 사리구가 함께 박물관에 있는 경우는 대단히 드문 예로, 현재까지 해외 소재 우리 문화재 중 보스턴 미술관을 제외하고 '사리와 사리구'가 함께 봉안된 경우는 없었다.

　그러므로 뒷날을 생각해서 '사리 반환 제의'를 거절하는 것은 일어나지도 않을 일을 걱정하는 것과 같다. 문화재 반환의 문제는 각각의 사건마다 다양한 경우가 존재하므로 뒷날의 일을 미리 걱정하는 것은 바람직하지 않다. 나아가 '사리만의 반환'이 성공을 거둔다면, 혹시 뒷날 '사리와 사리구'가 함께 봉안된 유물이 발견되었을 경우 오히려 그것이 선례가 되어 사리 반환을 확보한 채 좀 더 진전된 논의가 시작될 수 있을 것이다. 따라서 사리만의 반환이 성사되는 것만으로도 문화재 반환운동에 있어서 좋은 선례를 만드는 것이지 좋지 않은 선례를 만드는 것이 결코 아니다.

보스턴 사리 반환 무산 그 이후

　나는 문화재 반환의 다양한 형태에 대해 정부가 좀 더 깊은 이해와 관심을 가지고 접근해 주길 바랐다. 문화재가 귀환하는 방식에 있어서 '기증'에 대해서는 매우 유연한 입장을 가지면서, 오히려 한 단계 진전된 '반환'에 대해 엄격한 원칙을 적용하려고 하는 문화재청의 태도에는 문제가 있다. 나는 보스턴 미술관 소장 사리구의 반환을 위해 수년간 노력해 왔다. 물론 완전한 반환을 목표로 하고 있지만, 현실적으로 그것이 성사되기 어려우므로 그 차선책으로서 사리만의 반환을 선택한 것일 뿐이었다. 하지만 안타깝게도 여기에 대해 정부가 지지 의사를 표명하지 않으면서 모든 것이 물거품으로 되돌아갈 위기에 처하게 된 것이다.

보스턴 미술관이 소장한 사리는 한국 불교사에 매우 중요한 위치를 차지하는 종교적 상징물이다. 만약 우리가 완전한 반환만을 고집하다가 자칫 사리까지도 돌려받지 못할 우를 범할까봐 매우 걱정스러웠다.

게다가 세계 문화재 반환운동에 있어서 사리의 반환이 시사하는 바도 매우 컸다. 마오리 족 전사의 머리 미라(토이모코) 반환운동에 비해 부처님과 우리나라 고승의 사리 반환이 갖는 무게는 더욱 클 것으로 예상하였다. 뿐만 아니라 서구 박물관으로부터 동양의 소장품을 돌려받는 첫 번째 사례로서 큰 의미를 지니며 나아가 '아시아 문화재 반환'에 획기적 기점으로 자리할 가능성이 있었다.

개인적 소견을 말하자면, 보스턴 미술관이 우리나라로 부처님과 고승의 사리를 돌려주는 것은 세계 문화재 반환운동에 일어난 하나의 작은 기적이 될 수 있었다. 그러나 대부분의 문화재 전문가들은 나의 견해에 동의하지 않았다.

보스턴 미술관의 사리는 돌아올 기약이 없어졌고, 그 뒤 아무도 그것에 대해 관심을 갖지 않았다. 문화재청은 물론 지금까지도 완전한 반환 요청을 하지 않고 있다. 결국 보스턴 미술관의 사리 반환 결정은 완전 백지화되고 말았다.

Avenue of the Arts
465 Huntington Avenue
Boston, Massachusetts 02115
617 267 9300
www.mfa.org

mfa Museum of Fine Arts Boston

February 28, 2011

Dear Hye Moon,

I am writing in reply to your letter of 15ʰ February, delivered when you visited the museum that day. I have now consulted with the Director and Deputy Director.

As stated in the letter from Deputy Director Katherine Getchell on December 9, 2009 and the letter from Director Malcolm Rogers on March 22, 2010, we continue to believe that there is no legal basis for a claim for restitution of the Korean Buddhist reliquary or its contents and we are not aware of any factual support for such a claim.

The Collections Committee of the Trustees of the Museum of Fine Arts decided that the MFA will continue to hold both the object and its contents in our care. This decision was taken after consulting the Director of the Korean Cultural Heritage Administration, who did not recommend the separation of the reliquary and the relics. The reliquary is now on view in our gallery for visitors to appreciate and it will be well cared for and its religious significance respected.

Yours sincerely

Jane Portal
Matsutaro Shoriki Chair
Art of Asia, Oceania and Africa

Museum of Fine Arts, Boston
465 Huntington Avenue
Boston, MA 02116

보스턴 미술관 라마탑형 사리구 반환 요청서(남북 공동)

이 문서는 2009년 1월 보스턴 미술관 방문 당시 보스턴 미술관 관장에게 전달한, '한국 불교의 최고 신물'인 부처님과 고승들의 사리를 돌려 달라는 요청서이다.

귀 미술관이 소장하고 있는 '금은제 라마탑형 사리구'를 원산국으로 되돌려 주시기를 부탁드립니다.

1. 13세기 한국 사찰의 유골함

보스턴 미술관Museum of Fine Arts, Boston이 현재 소장하고 있는 금은제 라마탑형 사리구Sarira Reliquary in the shape of a Tibetan Buddhist stupa, gill silver는 13세기 한국의 사찰에 봉안되었던 정광불, 가섭불, 석가모니불, 지공 스님, 나옹 스님의 유골을 담았던 유골함입니다. 이것은 당시 한국 사찰의 부도에 안장되어 전래되던 중, 일제의 한반도 강점기인 1939년 일본인에 의해 도굴되어 현재에 이르고 있습니다.

2. 금은제 라마탑형 사리구의 현황

이 사리구에 대해서는 보스턴 미술관의 간행지(*BULLETIN*, Vol.39, Feb, 1941)에 기재된 고지로 도미타Kojiro Tomita(동관의 동양미술부장)의

금은제 라마탑형 사리구
일제 강점기에 도굴되어 일본에 반출된 뒤, 보스턴 미술관이 매입하여 소장하고 있다.

「고려시대의 은세공품Korean Siiver-work of Koryo Period」이라는 글의
일부에 자세한 언급이 있습니다. 이 사리보탑은 은제도금의 공예 소
품으로서 높이 22.5cm인데 전체적으로 라마탑Lamaist Stupa의 외모
를 하고 있습니다. 이 사리구의 내부는 높이 약 5cm의 팔각원당형의
소형 사리탑 5개가 안치되어 있는데, 각각의 탑신에 새겨진 명문으로
사리의 주인공을 추정할 수 있습니다.

명문의 내용은 다음과 같습니다.

① 정광여래 사리 5매
② 가섭여래 사리 2매
③ 석가여래 사리 5매
④ 지공조사 사리 5매
⑤ 나옹조사 사리 5매

각 탑 내부에서 검출된 사리를 보건대 ①, ②에서는 녹색 조각, ③, ④에는 각기 녹진綠塵에 덮인 투명한 백색 옥석 한 알, ⑤에서는 흑색 소구 두 알이 있는 것으로 확인되었습니다.(*BULLETIN*, Vol.39, Feb, 1941.)

이와 같이, 처음 ①, ②의 두 탑에서는 사리의 검출이 전혀 없고 ③, ④, ⑤의 세 탑에 있어서는 그 내부에 사리가 봉안되어 있지만, 탑명에 표기된 사리 수와 실제로 검출된 수가 서로 다른 것은 박물관에 수장되기 이전에 사리의 일부가 탈취되었음을 보여 주는 것이라고 할 수 있습니다.

3. 사리의 주인공에 관하여 - 3여래 2조사

사건 동산에 안장되어 있는 사리의 주인공들은 정광여래,* 가섭여래,** 석가모니여래***의 3여래와 지공조사, 나옹조사의 2조사로 나누어 파악할 수 있습니다. 그중에서 신청인은 지공, 나옹조사와 관련

---

* 불교에서 말하는 과거7불過去七佛의 하나로 연등불燃燈佛·보광불普光佛·정광불錠光佛이라고도 한다. 과거세에 수행하는 보살이던 석가모니에게 성도成道하리라는 수기授記를 준 부처이다.

** 석가모니불에 선행하였으며 과거칠불 중 여섯 번째 부처이고 현겁賢劫 천불千佛 중 세 번째 부처이다.

***인도의 싯다르타 고타마를 말하며 현재의 부처님이다. 석가족의 카필라 왕국의 왕자로 태어났으나 왕궁 밖에서 늙고 병들고 죽는 인간의 삶이 고통으로 이루어져 있음을 알고 이것에서 벗어나고자 하였다. 이내 왕위와 가족을 버리고 출가하여 깨달음을 얻었다. 진리를 깨달은 자라는 의미에서 석가모니釋迦牟尼라고 한다.

된 사항에 좀 더 주목하고 있는바, 이 스님들의 행적에 대해 고찰하면 원 소장처를 알 수 있기 때문입니다.

1) 지공指空조사에 대한 기록

지공조사는 인도 마갈타국摩竭提國 출신으로, 서천국 108대 존자로도 불립니다. 고려 불교에 새로운 바람을 불러일으켰고, 회암사를 창건하였습니다. 이분은 한국 불교에 있어서 현재까지도 나옹, 무학 스님과 더불어 삼대화상三大和尙으로 숭앙받고 있습니다. 그는 인도 나란타 대학에서 수학한 뒤, 히말라야 산맥을 넘고 원나라 수도 연경을 거쳐 충숙왕 13년(1326)에는 고려에 들어와 '환생한 부처'로 극진한 환대를 받으며 3년 가까이 머물며 많은 영향을 끼쳤습니다. 1328년 연경으로 돌아간 뒤에는 고려인들이 세운 법원사法源寺에 주석하자, 나옹과 백운, 무학 등이 다투어 원나라로 건너가 그의 문하에서 수학했습니다. 서기 1363년에 입적한 뒤, 정골사리가 1370년 고려에 왔고, 공민왕의 명에 따라 양주 회암사檜巖寺에 안치, 부도浮屠(고승의 자리를 안치한 탑)를 세웠습니다. 그 뒤 왕명으로 장단 화장사 등에 나누어 안치했습니다.

2) 나옹懶翁조사에 대한 기록

나옹조사는 1320년 1월 15일 경상도에서 출생하였습니다. 어릴 적 이름은 원혜元慧이고 법명은 혜근慧勤, 호는 나옹懶翁 또는 강월헌江月軒이며, 시호는 선각先覺입니다. 20세인 서기 1339년 친구의 죽음을 보고 생에 대한 의문을 가져 상주의 공덕산 묘적암 요연妙寂庵了然께 의탁하여 출가했습니다. 이후 1344년에 회암사로 가서 밤낮으로 수행하여 크게 깨달았으며, 1348년 중국의 대도 법원사에서 지공화상 指空和尙을 친견하고 선지宣旨를 이어받았습니다.

1358년에 고려로 귀국한 뒤, 1367년 청평사에 있을 때 지공이 보낸 가사袈裟와 편지를 받았으며 4년 후 회암사에서 지공 스님의 사리를 친견했습니다. 1371년 8월 왕사王師에 임명되어 가사와 법복을 받았으며 병란에 불탄 회암사 중창에 전력하였습니다. 공민왕이 죽고 우왕이 즉위하여 다시 왕사로 추대되었으나 회암사를 낙성한 직후에 중앙 대간들의 압력으로 밀양의 영원사로 거처를 옮겨 가던 중 여주 신륵사에서 입적하였습니다. 제자들이 사리를 수습하여 회암사, 신륵사 등에 부도를 세웠습니다.

4. 사리구의 원 소장처에 대하여

보스턴 미술관 동양미술부장 고지로 도미타의 논문은 사리구의 출처에 대해 정확한 언급을 하지 않았지만, 사리의 주인공들을 고찰하면 의외로 간단히 그 소재지를 추정해 볼 수 있습니다. 우선 지공 스님과 나옹 스님의 사리가 안치된 사실에 입각해서 사실 관계를 살펴보면, 지공 스님의 사리는 1370년 고려에 온 뒤, 공민왕의 명에 따라 회암사에 안치되어 지공 스님 부도가 건립되었다는 사실을 알 수 있습니다. 그 뒤, 지공 스님의 사리는 다시 개성의 화장사로 나뉘어 봉안되었습니다. 그렇다면 보스턴 미술관 소장 사리구의 출처는 지공 스님, 나옹 스님의 부도가 건립된 사찰 중에 하나일 수밖에 없다는 결론에 도달하게 됩니다.

1) 회암사일 가능성

위에서 언급한 논문에서 고지로 도미타는 이 유물과 관련하여 회암사를 주목했습니다. 회암사는 지공, 나옹 두 스님의 행적에서 대단히 중요한 의미를 지니고 있습니다. 회암사는 지공 스님이 창건하고, 나옹 스님이 중창한 사찰이기 때문입니다. 따라서 고지로 도미타는 사리보탑의 출처는 불분명하다고 하면서도 회암사와 관련이 있음을 암시했고, 현재의 절 모양과 탑비에도 언급하였습니다.

회암사는 1472년(조선 성종 3) 정희왕후貞熹王后가 정현조鄭顯祖에게 명하여 중창하였습니다. 명종 때 문정왕후文定王后가 중심점이 되어 불교 중흥정책을 폈으나 왕후가 죽고 유신儒臣들에 의해 나라의 정책이 다시 억불정책으로 선회하자 1565년(명종 20) 사월 초파일에 보우普雨가 잡혀 가고 절은 불태워지며 폐허가 되었습니다. 그러나 현재까

지도 계속해서 중건 중창의 노력이 진행되어 왔으므로 가람伽藍의 구
기舊基가 잘 보존될 수 있었습니다.

현재 회암사에 전래되는 유물은 다음과 같습니다.

보물 제387호인 회암사지선각왕사비檜巖寺址禪覺王師碑
보물 제388호인 회암사지부도(회암사 무학대사 홍융탑)
보물 제389호인 회암사지쌍사자석등檜巖寺址雙獅子石燈
경기도 유형문화재 제49호 지공선사 부도 및 석등
경기도 유형문화재 제50호 나옹선사 부도 및 석등
경기도 유형문화재 제51호인 무학대사비無學大師碑
경기도 유형문화재 제52호인 회암사지부도탑

2) 개성 화장사일 가능성

화장사는 1373년(고려 공민왕 22) 옛날 계조암繼祖庵터에 사건 동산
사리의 주인공인 지공 스님이 중창한 사찰로서, 고려시대의 사리탑이
있습니다. 이것은 높이 1.94m이며 1370
년(공민왕 19)경에 조성한 것으로서 명부
전 동쪽 언덕 위에 남향하여 놓여 있습
니다.

몸돌 상단에는 큼직큼직하게 두 겹으
로 된 연꽃잎을 새겼으며, 몸돌 정면에는
'지공정혜영조지탑指空定慧靈照之塔'이라
는 글자가 새겨져 있는데, 이는 지공화
상指空和尙의 사리탑이라는 뜻입니다.

화장사 사리탑
북한 국보 문화유물 제134호

화장사 사리탑은 보스턴 미술관 소장 사리구와 모양이 유사하므로 화장사에서 도굴되었을 가능성이 높다고 할 수 있습니다.

5. 보스턴 미술관 점유의 문제점

'사리'는 불교식 장례 절차에 따라 승려의 시신을 화장한 후 습골을 통하여 만들어진 것으로서 인체의 일부라고 할 수 있습니다. 사리를 보관하는 사리 장치는 장례 절차에 쓰이는 관곽과 같은 용도로 사리와 일체를 이루는 것으로서 모두 불융통물不融通物에 해당합니다. 그러므로 사리구는 사리와 사리합, 사리구가 일체를 이루고 있으며, 불융통물로서 거래의 객체가 될 수 없고 선의 취득의 대상 역시 될 수 없습니다. 왜냐하면, 사리는 그 자체로 죽은 자의 신체 일부일 뿐더러, 불교에서는 종교적 신앙의 대상이므로 결코 돈으로 사고팔고 할 성질의 것이 아니기 때문입니다. 따라서 사리가 신체의 일부라는 사실을 부인할 수 없다면 돈을 주고 매입한다고 해서 소유권을 취득할 수 없다고 할 것입니다.

6. 결언

보스턴 미술관 소장 '은제도금 라마탑형 사리구'는 부처님과 고승의 사리가 한군데 안치된 사리장엄구입니다. 이것은 부처님의 정법이 우리나라로 이어져 새롭게 꽃을 피운다는 것을 상징하는 매우 유서 깊은 유물로, 이른바 '대체할 수 없는 유물'이라고 할 것입니다. 과거 일제가 조선을 강점할 당시 도굴되어 미국에까지 간 것은 한국 국민들과 한국의 불교도에게 심히 유감스러운 일이라고 할 것입니다. 더구나 승려들에게 있어서는 조상과 같은 부처님과 승려들의 사리가 봉안된 종교적 신성과 관련된 물건이기도 합니다. 이에 보스턴 미술관에 소장될 미술품의 성격이 아니라 사찰에 봉안되어야 할 종교적 대상의 물건이라는 점을 강조하고 싶습니다. 이에 사리가 지닌 종교적 의미를 감안하시어 다시 원산국의 사찰에 봉안할 수 있도록 해 주시기를 간곡히 당부드립니다.

보스턴 미술관 소장 사리구 반환운동 경과

- **2004.10** 혜문 스님, 봉선사 성보 문화재 일제 조사 중 보스턴 미술관의
  '금은제 라마탑형 사리구' 소장 사실 확인

- **2008.2** 북한의 조선불교도연맹과 금강산 회담
  보스턴 미술관 소장 라마탑형 사리구의 반환운동 논의

- **2008.8** 금은제 라마탑형 사리구 반환을 위한 남북 공조
  조선불교도연맹 초청으로 평양을 방문하여 조선불교도연맹으로부터 '일체
  의 법률적 권한'을 위임받음.

- **2008. 12** 미국 보스턴 미술관과의 면담 신청(반환운동 논의 시작)

- **2009.1.6** 미국 보스턴으로 출발

- **2009.1.9** 보스턴 미술관과의 1차 면담 및 실물 확인

- **2009.1.14** 제1차 질의서 송부 및 반환 요청서 접수

- **2009.1.20** 보스턴 미술관 답변서 확인

- **2009.2.4** 보스턴 미술관과 2차 만남
  반환 관련 입장 서신 전달

- **2009.2.26** 조선불교도연맹 입장 표명

- **2009.2.27** 보스턴 미술관의 사리 반환 가능 입장 통보

- **2009.3.6** 반환 입장에 대하여 보스턴 미술관에 감사 서신 전달

- **2009.3.18** 중국 심양에서 조선불교도연맹과 의견 조율

- **2009.3.30** 보스턴 미술관의 제의 수락 서신 전달
  뉴욕 지역의 각국 불교 대표들의 반환 촉구서 첨부

●	2009.4.7	혜문 스님 귀국
●	2009.9.3	보스턴 미술관 사리 반환 불가 통보

● **2009.9.3** 보스턴 미술관 사리 반환 불가 통보

한국 정부가 '사리 반환'에 대해 반대하고 있으므로 보스턴 미술관은 '아무 것도 돌려주지 않겠다.'고 밝힘.

● **2009.10.13** 보스턴 미술관에 항의 서신 전달

귀 관이 소장한 '부처님과 고승의 사리'는 불교도들에게는 '신성한 물건'이기 때문에 '평화적 우호' 속에서 진행되길 바라고 있습니다. 따라서 보스턴 미술의 입장을 난처하게 할 어떤 분쟁이나 시위 없이 '원만한 타결'이 이루어지길 마음속으로 간절히 기도하고 있습니다.(혜문 스님 서신)

● **2009.10.15** 보스턴 미술관 동양미술부장 방한 시 재논의하기로 협의

● **2009.10.28** 문화재청 초청 간담회

정부는 여전히 원론적 입장 고수, '사리만의 반환'에 동의할 수 없다고 밝힘. 보스턴 미술관은 원천 무효화하겠다고 밝힘.

(참석자 : 문화재청장, 보스턴 미술관 동양미술부장, 혜문 스님)

● **2009. 11. 1** 보스턴 미술관 동양미술부장 제인 포털 초청 만찬

사리 반환에 대한 불교계의 입장, 당위성 등을 다시 설명함. 정부의 입장은 유동적이므로 보스턴 미술관에게 당분간 판단을 유보해 줄 것을 요청함.

(참석자 : 혜문 스님, 강우방 前 경주 국립박물관장)

뇌물로 바친 문화재

—

헨더슨 컬렉션

헨더슨은 누구인가

2009년이 시작된 새해 벽두인 1월 3일, 신문과 방송은 주한 미국 대사 스티븐스가 백범기념관을 찾은 것으로 떠들썩했다. 그녀는 "나는 여기에 배울 것이 많다는 것을 알고 있고, 그것이 내가 방문한 이유"라고 방문 취지를 설명했다. 백범 김구의 아들 김신 관장은 김구 선생의 친필 글씨 사본 액자 하나를 선물했는데, 그 액자에는 "한미친선 평등호조韓美親善 平等互助"라고 쓰여 있었다. 나는 방송에서 그 액자를 보자마자 한눈에 '헨더슨 컬렉션'의 일부라는 것을 알았다. 전기가 흐르는 듯한 강렬한 느낌이 온몸을 휘감아 돌았다. 그것은 바로 백범이 당시 미 군정의 문정관이던 그레고리 헨더슨에게 써 준 글씨로, 지난 2002년 헨더슨 미망인 마이어 헨더슨 여사가 다시 백범김구선생기념사업회에 기증한 '유일한 유물'이기 때문이었다.

그레고리 헨더슨은 '국회 프락치 사건'*과 관련하여 이승만 정부에 비판적 견해를 폈으며, 박정희 정권과 군정이양 문제를 놓고도 대치했

다. 당시 합동통신의 리영희 기자(한양대 명예교수, 2010년 작고)는 "미국이 추가 원조를 박정희의 군정 연장과 연계해 보류하고 있다."는 특종을 보도한 적이 있는데, 이 기사의 발설자가 헨더슨이었다고 한다. 이에 한국 정부의 강한 반발에 부딪치자 미 국무부는 헨더슨에게 48시간 안에 한국을 떠나라는 '본국 송환 명령'을 전달했고, 그는 외교관직에서도 물러났다.

*　1949년 제헌국회 내 민족자결주의의 이름 아래 외국 군대 철수안, 남북통일 협상안 등 공산당의 주장과 일맥상통하는 주장을 한 당시 국회부의장 김약수 등 13명을 1949년 4월 말부터 8월 중순까지 3차에 걸쳐 검거한 사건으로, 남로당 국회 프락치 사건이라고도 한다.

그는 미국에 돌아간 뒤 한국 문제 전문가로 변신, 1968년 『소용돌이의 한국 정치(*Korea : The Politics of the Vortex*, Harvard University Press, 1968)』라는 책을 펴냈다. 또한 그는 한국에서 근무할 당시 수집한 컬렉션을 1969년 오하이오 주립대에서 전시하기도 했는데, 1988년 자신의 집을 손보기 위해 지붕 위에 올라갔다가 떨어져 사망했다.

헨더슨은 어떻게 한국에 오게 된 것일까? 윤정석 중앙대 명예교수가 인터넷에 쓴 「그레고리 헨더슨과 한국연구원」이라는 글에 의하면, 그와 한국의 인연도 지중한 듯하다.

윤 교수에 따르면, 헨더슨은 미국 하버드대 경영학과를 졸업했는데, 제2차 세계 대전에서 일본이 항복하면 점령군으로 파견될 장교로서 민정학교 교육과 일본어 교육을 받은 사람이라고 한다. 헨더슨 자신의 말에 따르면, 그는 1943년 남양군도의 여러 섬에서 붙잡혀 포로가 된 한국인 출신 징용병들을 수용하는 곳에서 일을 하면서 한국인들의 생리를 파악하기 시작했다고 한다. 그는 미 군정기에 문정관을 지냈으며 미국으로 돌아간 뒤 국무성에서 근무하다가 1950년대 중반 주한 미국 대사관으로 파견됐다. 헨더슨은 공무와 동시에 SCC(Student Cultural Club)의 회원인 경기고, 서울고, 이화여고, 경기여고 등 일류 학교의 학생들을 모아 영어를 가르치고 미국 문화를 소개하는 일을 했다고 한다. 박정수 전 장관, 이홍구 전 총리, 한승주 전 장관은 물론 고병철 교수, 김관석 교수, 백낙청 교수 등이 SCC 출신이라고 윤 교수는 기억했다.

헨더슨에 대한 평가는 엇갈린다. 그가 남긴 '국회 프락치 사건'에 대한 기록, 박정희 정권과의 불편한 관계 등은 그를 어떻게 보아야 하는지 혼란스럽게 한다. 다만 그가 5·16 군사 쿠데타 이후 작성한 「군사 정부 내에서의 공산주의자 영향에 관한 테제」 같은 문서는 그의 영향력을 증명해 준다. 이 문서는 5·16 주도 인물에 대해 헨더슨이 작성한 것으로, 국무부의 조사국장Director of the Bureau of Intelligence and Research으로 있다가 1963년 극동 담당 차관으로 자리를 옮긴 힐즈먼에게 보고되었다. 정확한 작성 일자를 알 수는 없지만, 1962년에 군사 쿠데타 핵심 세력과 관련되는 주변 인물들과의 비밀 인터뷰 작업을 통하여 1963년 초에 작성된 것으로 추측된다. 이는 당시 군사 정부와 미국 사이의 관계를 보여 주는 중요한 문서라고 할 수 있는데, 여기에는 박정희, 김종필 등의 사상적·정치적 성향에 대한 세세한 보고가 주를 이루고 있다.

'꺼삐딴 리'와 헨더슨

나와 헨더슨의 인연을 생각해 보니 참으로 깊고 깊은 인연이 아닐 수 없다. 그레고리 헨더슨이 세상을 떠난 1988년, 올림픽으로 서울 장안이 시끌벅적하게 돌아가던 그 시절, 나는 헨더슨을 처음 알았다. 까까머리 고등학생이던 나는 친구들과의 독서 모임에서 전광용의 「꺼삐딴 리」를 읽었다. 일제강점기, 소련 군정시대, 미 군정시대를 거치며 살아남은 기회주의자 '꺼삐딴 리'의 모습을 풍자적으로 묘사한 단편소설이었다. '꺼삐딴'은 영어 'Captain'의 러시아식 발음으로, 소련 군정시대 당시 이북에서 의사라는 직업을 이용하여 살아남은 친일파가 다시 미 군정에 붙어 삶을 영위하는 모습을 꼬집는 말이다. 이 소설에

서 주인공 이인국 박사는 미국으로 이민 가기 위해 미 국무부 직원을
방문하여 뇌물을 바치는 대목이 나온다.

응접실에 안내된 이인국 박사는 주인이 나오기를 기다리면서 방 안을
둘러보았다. 대사관으로는 여러 번 찾아갔지만 집으로 찾아온 것은 이번
이 처음이다.

삼 년 전 딸이 미국으로 갈 때부터 신세 진 사람이다.

벽 쪽 책꽂이에는 『조선왕조실록朝鮮王朝實錄』, 『대동야승大東野乘』 등
한적漢籍이 빼곡히 차 있고 한쪽에는 고서의 질책帙冊이 가지런히 쌓여져
있다.

맞은편 책상 위에는 작은 금동 불상 곁에 몇 개의 골동품이 진열되어
있다. 십이 폭 예서隸書 병풍 앞 탁자 위에 놓인 재떨이도 세월의 때 묻은
백자기다.

저것들도 다 누군가가 가져다 준 것이 아닐까 하는 데 생각이 미치자
이인국 박사는 얼굴이 화끈해졌다.

그는 자기가 들고 온 상감진사象嵌辰砂 고려청자 화병에 눈길을 돌렸다.
사실 그것을 내놓는 데는 얼마간의 아쉬움이 없지 않았다. 국외로 내어
보낸다는 자책감 같은 것은 아예 생각해 본 일이 없는 그였다.

차라리 이인국 박사에게는 저렇게 많으니 무엇이 그리 소중하고 달갑
게 여겨지겠느냐는 망설임이 더 앞섰다.

브라운 씨가 나오자 이인국 박사는 웃으며 선물을 내어놓았다. 포장을
풀고 난 브라운 씨는 만면에 미소를 띠며 기쁨을 참지 못하는 듯 탱큐를
거듭 부르짖었다.

— 전광용, 「꺼삐딴 리」 중에서

세상모르는 철부지 어린 시절의 나에게도 이 대목은 한 줄기 분노를 불러일으켰었다. 제 한목숨의 영달을 위해 '제 나라의 보물'을 이국에 뇌물로 넘기는 '종살이' 근성의 소유자에게 향하는 분노였다. 나라를 잃고 '머슴'이 되어 버린 민족, 열강의 틈바구니에서 살아남기 위해 바동대던 변절자들, 이른바 세속적 출세주의자에 대한 서슬 퍼런 시각을 마음속에 심어 준 최초의 시대 인식이 나에게서는 바로 「꺼삐딴 리」라는 소설을 통해 이루어졌던 것이다.

물론 고교 시절엔 소설에 나오는 '브라운'이 바로 '그레고리 헨더슨'이라는 실존 인물이라는 사실은 상상도 해 보지 못했고, 내가 나중에 그 유물들을 열람하게 될지는 더더욱 생각지도 못했다. 다만 소설 속 전관용의 풍자가 당시 사회를 어느 정도 사실적 바탕 위에서 묘사했고, 그것이 문제가 되어 소설이 발표되었던 1962년 당시 '세상에 회자膾炙되었던 일'이라는 선에서 나의 이해는 끝나고 있었다.

「꺼삐딴 리」에 등장한 브라운이 실존 인물이고, 그 사람이 바로 '그레고리 헨더슨'이란 사실을 알게 된 것은 2006년의 일이었다. 2006년 일본 도쿄대가 소장한 『조선왕조실록』 오대산 사고본의 반환운동을 하는 과정에서 문화재청이 낸 '해외 유출 문화재 현황'과 관련된 자료들을 열람했는데, 거기에는 단편적이지만 '헨더슨 컬렉션'에 대한 언급이 있었다. '헨더슨 컬렉션'은 미 군정기부터 유신 정권에 이르기까지 16년에 걸쳐 한국에 근무한 헨더슨이 수집한 도자기류로, 1991년 하버드대 아서 새클러 박물관이 약 150점을 소장하고 있다는 내용이었다.

미 군정시대에 서울에 온 미국 외교관이나 장교들 주변에는 이들에게 빌붙어 먹고 살려는 사람들이 많았다. 이런 미국인들에게 관심

을 끌기 위해 선물로 바쳤던 것들이 바로 소중한 우리 문화재들이었
다. 헨더슨은 특히 한국 문화재에 대한 안목이 빼어났다고 한다. 그는
한국에 머무는 동안 조각가인 아내와 함께 고려와 조선의 최고 명품
도자기 150여 점과 불화, 불상, 서예, 서적 들을 모아 1963년 한국을
떠나면서 모두 싣고 나갔다고 전해진다.

나의 머릿속에는 직감적으로 '헨더슨'과 '꺼삐딴 리'가 교차되었다.
소설에 나온 브라운이 실제 인물이었다는 점, 주인공 이인국과 같은
세속적 출세주의자들에 의해 문화재의 밀반출이 실제로 이루어졌다
는 점에 생각이 미치자 마음속에서 울분이 솟구쳤다. 더욱 나를 분노
하게 한 것은 그 울분에서 한 발짝도 나아가지 못하는 우리의 패배주
의였다.

그때부터 나는 '그레고리 헨더슨' 그리고 '헨더슨 컬렉션'에 대한 자
료를 조사하기 시작했다. 아쉽게도 '헨더슨 컬렉션'에 대한 자료는 국
내에 없었다. 헨더슨이 열었다는 1969년 오하이오 주립대의 도록*
『한국 도자기Korean Ceramics — 다양한 예술』도 구할 수 없었음은 물
론이거니와 그와 관련된 사진 한 장 찾을 수조차 없었다. 안타까운 일
이었다.

---

*   이 도록에는 143점이 수록되어 있는데, 고려청자와 조선백자 등 보물급 문화재들이 상당
    수 포함되어 있다.

오늘 다시, '한미친선 평등호조'를 생각한다

　미 군정의 문정관으로 부임할 당시 헨더슨은 26세였다. 그런 젊은 청년에게 써 준 노혁명가 백범의 글씨가 우리를 너무 가슴 아프게 한다. 미 군정의 하지중장은 중경 임시정부 인사들을 좋아하지 않았다. 그래서 백범을 비롯한 임시정부 요인들은 모두 개인 자격으로 귀국해야 했고, 소용돌이치는 해방 정국에서 백범을 위시한 세력은 미 군정과 대립의 날을 세워야 했다. 신탁통치를 둘러싼 논쟁, 친일파 처리 문제, 남북 분단의 문제, 남한 단독 선거 등 백범은 모든 주요한 정국에서 미 군정의 정책을 반대하고 비판했으며 그들과 싸워야 했다.

　생의 마지막이었던 1949년 새해 첫날. 백범이 손수 휘호해 준 글씨는 오늘날 '한미친선'이 무엇인지에 대해 슬프게 되묻는다. 그가 사실 목이 터져라 외치고 싶었던 것은 '한미친선'의 다음 구절에 있던 '평등호조(평등하게 서로 돕는다.)'에 있지 않았을까.

　20대 후반의 미국 청년 헨더슨에게 '韓美親善 平等互助(한미친선 평등호조)'라는 구절을 선물한 백범의 쓸쓸한 어깨를 생각한다. 그의 어깨 위에 놓인 무거운 역사적 짐, 노쇠한 독립운동가의 옹골찬 고집과 타협할 수밖에 없는 현실, 그 사이에서 부유浮游하며 죽음을 향해 뚜벅뚜벅 의연하게 걸어가는 발자국 소리를 상상한다. 그리고 50년 뒤 숱한 우여곡절 끝에 다시 돌아와 내 눈앞에 현현顯現한 바로 그 글씨를 바라본다.

　　韓美親善　平等互助(한미친선 평등호조)

뇌물로 바친 문화재 ─ 헨더슨 컬렉션

누가 우리 문화재를 다른 나라에 유출시켰는가? 차라리 외세가 약탈해 갔다는 주장이 나올지도 모른다. 그 준엄한 질문에 대한 답을 '우리가 뇌물로 주어 버렸다.'라고 대답하는 것은 우리 스스로를 너무도 초라하게 한다. '헨더슨 컬렉션'은 나에게 있어서 지우고 싶은 그림자, 쳐다보고 싶지 않은 얼굴을 하고 손에 잡힐 듯이 다가오고 있었다.

「꺼삐딴 리」의 마지막 부분에 나오는 대화가 떠오른다.

청자병을 몇 번이고 쓰다듬으면서 술잔을 거듭하는 브라운 씨도 몹시 즐거운 표정이었다.

"미국에 가서의 모든 일도 잘 부탁합니다."

"네, 염려 마십시오. 떠나실 때 소개장을 써드리지요."

"감사합니다."

"역사는 짧지만, 미국은 지상의 낙토입니다. 양국의 우호와 친선에 도움이 되기를 바랍니다⋯⋯."

"탱큐⋯⋯."

— 전광용, 「꺼삐딴 리」 중에서

하늘 아래 최고,
하버드대에서 만난 고려청자

하버드대에서 만난 고려청자

'문화재제자리찾기'는 '해외 반출 문화재 반환을 위한 미국 방문단'을 구성하여 지난 2009년 1월 9일, 하버드대 아서 새클러 박물관에서 '헨더슨 컬렉션'을 관람했다. '헨더슨 컬렉션'은 미 군정기와 박정희 정권기에 주한 미국 대사관 문정관을 지냈던 그레고리 헨더슨이 수집한 것으로, 4세기부터 19세기에 걸친 도자기 컬렉션을 말한다.

지난 1988년 헨더슨이 갑자기 사망한 뒤, 부인인 마이어 헨더슨 여사가 하버드대에 150여 점의 도자기를 기증했다. 나는 한 달간의 접촉 끝에 하버드대로부터 '하늘 아래 최고First Under Heaven'라는 평가를 받은 '헨더슨 컬렉션'을 수장고에서 직접 볼 수 있는 기회를 얻게 되었다.

하버드대 로버트 마우리Robert Mowry 교수(아서 새클러 박물관 동아시아부 큐레이터)의 안내로 '고려청자'를 만났을 때, 나는 묘향산의 비취색 계곡을 떠올릴 수 있었다.

하버드대 아서 새클러 박물관 '해외 반출 문화재 반환을 위한 미국 방문단'의 모습이다.

지난 2008년 8월 북한의 조불련의 초청으로 평양에 갔었다. 과거 불행했던 시기, 외세에 빼앗긴 민족 문화재의 반환을 위해 남북의 불교계가 함께 힘을 모으자는 취지에서 이루어진 만남이었다. 여기서 우리는 서로의 공통된 의사를 확인했다. 북은 우리에게 전하는 호의好意의 일환으로 묘향산 휴양지에서의 야유회를 일정으로 잡았고, 우리는 흔쾌히 이를 받아들였다.

묘향산 7부 능선쯤이던가. 서산대사가 계시던 보현사 참배를 마치고 준비된 장소로 가니, 말로만 들었던 묘향산의 계곡이 눈앞에 펼쳐졌다. 그것은 한 점의 티끌도 섞이지 않고 순정함만으로 다가오는 비취빛이었다. 매우 그윽하고 깊어서 차마 손 담그면 더럽혀질 것 같은, 피부를 뚫고 뼈 안까지 파랗게 물들일 것 같은, 그렇게 청순하고 맑은 느낌으로 묘향산은 내게 깊은 인상을 남겼다.

조불련 정서정 서기장은 특유의 평양 사투리로 함박웃음을 지으며, "이거 원래는 비공개하는 특별 장소인데, 민족 문화재를 되찾기 위해 애쓰시는 남쪽 분들을 격려하기 위해 특별히 공개하는 겁니다. 묘향산 물도 한번 만져 보시고, 영산의 정기 받아 힘내시라요."라고 말하며 묘향산 물에 들어가도 좋다는 허락을 했다. 우리는 여기가 북이라는 사실도 잊고 묘향산 계곡의 빛깔에 취하여 물속으로 첨벙거리며 뛰어들었다. 며칠 동안 쌓인 여행의 피로와 평양이 가져다주는 묘한 긴장감들이 한꺼번에 사라져 버렸다. 눈이 부셨다.

그 물은 흘러 흘러 청천강과 합쳐진다고 했다. 청천강淸川江. 얼마나 맑고 깨끗했으면 이름을 '청천'이라고 했을까! 묘향산 비취색 물은 청천강에 이르러서는 하늘을 닮은 엷은 푸른색으로 바뀌고, 중턱을 굽이돌아 영변寧邊으로 흐른다. 김소월의 「진달래꽃」으로 유명한 고장, 구수한 향토적 정감을 유발하는 이른바 '조선의 산천'은 그렇게 아직도 내 머릿속에 남아 있다.

고려청자 주병 12세기 작품으로 신비의 비취색을 드러낸 작품이다. (사진 출처 : 하버드대)

하버드대의 고려청자들은 지난날 묘향산에서 보았던 그 비취빛에 대한 기억을 끄집어내게 하였다. 그것은 산업화되기 전 우리 땅의 명산들이 뿜어냈던 비취빛에 대한 그리운 기억일 것이고, 지금은 오염되어 볼 수 없는 아쉬운 과거에 대한 기억일 것이다. 천년 전 고려인의 마음속에 깊이 새겨진 비취색은 고려청자를 통해 표현되었을 것이고, 이는 우리 겨레의 가슴 속에 흘러내린 미적 원형原形을 이루고 있는 것은 아닐까? 마치 누구에게나

묘향산 계곡 비취색이 선명하다.

아련하게 다가오는 어머니에 대한 느낌처럼 뭉클해지는 그런…….

하버드대의 '헨더슨 컬렉션'

　　로버트 마우리 교수는 '헨더슨 컬렉션' 중 대표작 12점을 엄선해서
보여 주었다. 그중에 나에게 깊은 인상을 남긴 것은 다음의 세 가지
작품이었다.
　　고려청자 주병은 12세기 작품으로 고려청자의 신비스러운 색을 가
장 잘 드러낸 작품이라고 평가받고 있다. 비취빛이 은은히 감도는 이
작품은 아마도 현존하는 고려청자 중 최고의 색깔일 것으로 하버드
대는 평가하고 있었다.

헨더슨 컬렉션
'해외 반출 문화재 반환을 위한 미국 방문단'이 신비스러운 비취빛이 감도는 고려청자를 관람하고 있다.

고려청자는 천 년의 세월을 뛰어넘어 아직도 신비의 비색을 고스란히 간직하고 있었다. 보존 상태도 매우 양호했다. 이것은 우리나라의 국립중앙박물관이나 삼성리움박물관에서나 만날 수 있는 고려청자 중에서도 최고품의 수준에 이르는 것들이었다.

1991년 하버드대가 마이어 헨더슨으로부터 '헨더슨 컬렉션'의 도자기 150점을 넘겨받으면서 열었던 전시회의 테마를 '하늘 아래 최고 First Under Heaven'라고 정한 이유를 알 것 같았다.

나의 눈길을 사로잡은 또 하나의 작품은 뱀 모양의 장식이 달린 가야토기였다. 그것은 매우 특이한 형태로 이전에 본 적이 없는 작품이었다. 이 작품에 대해 마우리 교수는 "이것은 헨더슨 컬렉션의 고대 도자기들 가운데 가장 훌륭한 작품으로, 신라 혹은 가야에서 만들어진 것으로 추정되는 뱀 장식이 달린 의전용 스탠드입니다. 이 스탠드의 미적 가치는 인상적인 균형미와 강건함, 구조상의 미, 그리고 균형 잡힌 삼각 세공에 있습니다."라는 설명을 곁들였다.

이는 삼국시대의 네 번째 왕국이라고도 불리는 가야시대 유물 중 하나로 신라 도자기의 초기 모습을 살펴볼 수 있을 뿐만 아니라 가야가 일본으로 흘러 들어가는 한반도 문화의 통로 역할을 했다는 면에서 연구할 가치가 있으며, 중국의 영향을 거의 받지 않은 한국 도자기 고유의 형태와 감각을 찾아볼 수 있다는 면에서 그 중요성은 매우 크다고 평가받고 있었다. 또 마우리 교수는 "이와 같은 작품을 만들기 위해서는 섭씨 1,000도 이상까지 온도를 올릴 수 있는 기술이 필요한데, 서양은 14세기에 와서야 이런 기술을 가질 수 있었던 반면, 가야시대에 한국이 이미 이런 기술을 가지고 있었다는 사실은 정말 놀라운 일"이라고 감탄했다.

신라 토기 뿔잔과 받침대 (왼쪽) 기마 유목 문화와의 연관성을 보여 주는 중요한 작품이다.
(사진 출처 : 하버드대)
뱀 모양 장식의 가야 토기 (오른쪽) 헨더슨 컬렉션의 도자기들 가운데 가장 훌륭한 작품으로 꼽힌다.
(사진 출처 : 하버드대)

이 작품에 대해 헨더슨은 "아마도 대구 달성군 양지리에 있는 장군의 무덤에서 1960년 도굴된 것으로 추정된다."고 적고 있다. 좀 더 깊은 연구 자료와 조사가 있어야 한다고 생각했다.

신라 토기 '뿔잔과 받침대' 작품에 대해서는 "이러한 스타일은 다른 동아시아 국가의 예술품에서는 거의 발견되지 않는 독특한 것으로 기마 유목 문화와의 연관성을 보여 주고 있는 중요한 사료입니다. 한국에서도 뿔 모양 컵은 사찰이나 거주지가 아닌 무덤에서만 발견되고 있는 것으로 보아 이 컵이 부장품副葬品으로 만들어졌음을 쉽게 짐작할 수 있습니다."라는 마우리 교수의 설명을 들을 수 있었다.

이런 형태의 작품은 북아시아의 샤머니즘과도 연관이 있을 것으로 추정된다. 한국의 국립중앙박물관, 일본의 '오구라 컬렉션', 그리고 하버드대학에 소장된 것으로 알려져 있으며, 중국이나 일본에서는 이런 형태가 발견되지 않고 있다.

하버드대에 소장된 '헨더슨 컬렉션'은 한국을 제외한 해외 도자기 컬렉션 중 최고라는 평가가 무색하지 않았다. 마우리 교수는 '헨더슨 컬렉션'에 대해 "우리는 '헨더슨 컬렉션'에 대해 매우 자랑스럽게 생각하고 있고, 우리의 아시아 컬렉션 중에 최고 수준이라고 평가하고 있다(We are very proud of our Korean works of art and consider it one of the great strengths of our Asian colleciton)."라고 말했다. 그는 1991년 마이어 헨더슨으로부터 '헨더슨 컬렉션' 150점을 넘겨받는 데 결정적인 역할을 담당했던 사람이며, '하늘 아래 최고의 컬렉션First Under Heaven ─ 헨더슨 컬렉션의 한국 도자기' 특별 전시회를 개최한 주역이기도 했다. 그는 '헨더슨 컬렉션'을 한국에 대여해 줄 수 있느냐는 나의 질문에 "조건만 맞는다면 얼마든지 가능한 일"이라고 명쾌하게 말했다. 중요한 성과 중의 하나였다.

찬탄과 감동에 사로잡혀 하버드대 아서 새클러 박물관의 '헨더슨 컬렉션' 관람을 마친 뒤, 동행했던 정병국 의원은 "이렇게 대단한 한국 문화재가 하버드대에 있을 줄 몰랐다. 왠지 약간 화가 치밀어 오르는 느낌"이라고 말했다. 하지만 오히려 나는 화가 나기보다 무엇인가 가슴을 짓누르는 답답함을 느꼈다. 우리는 이것도 모른 채, 그동안 무엇을 하고 있었단 말인가!

도대체 이 엄청난 물건들은 어떻게 여기에까지 오게 된 것일까? 그레고리 헨더슨이 문정관으로 한국에 재직하던 시절, 그의 집 문 앞에는 선물 보따리를 싸들고 서성이던 사람들이 있었다고 한다. 그들에 의해 선물로 혹은 뇌물로 전달된 '우리의 자식'들은 어느 새 세계 최고의 대학까지 흘러와 '하늘 아래 최고'라는 평가를 받으며, 우리가 관심 갖지 못하고 있던 한국의 위상을 드높이고 있었다.

보스턴을 떠나 뉴욕으로 돌아오는 4시간 동안 나는 '심 봉사'를 떠올리고 있었다. 제 눈뜰 요량으로 곱디고운 딸 팔아 뺑덕어멈과 재미보고 사느라 세상 시름 잊었던 못난 아버지. 황후가 된 심청 앞에 불려 나가자 혹시 딸 팔아 먹은 죄가 들통 난 줄 알고 살려 달라고 애걸복걸하던 그 못난 아버지의 모습이 눈앞에 어른거렸다.

어떤 사람은 세계 최고의 대학에서 세계 최고의 대우를 받게 되었으니 오히려 잘된 일이 아니겠느냐고 말하기도 한다. 물론 그도 그럴법하다. 가난한 아버지 밑에서 어렵게 동냥질이나 하면서 사는 심청보다는 황후가 되는 심청이 훨씬 보기 좋으니 말이다. 한국에서 전쟁고아가 되어 비렁뱅이로 전전하느니 미국에 입양 가서 시민권자로 살아가는 게 어찌 보면 좋을 수도 있으니까.

'헨더슨 컬렉션'은 내막을 알면 알수록 가슴 아픈 이야기요, 현대판 심청전과 크게 다르지 않다. 하버드대의 박물관에서 '하늘 아래 최고'가 된 '헨더슨 컬렉션'은 삼단 같은 머리를 풀어 헤치고 인당수 푸른 물에 몸을 내던진 가엾은 우리들의 심청이요, 우리는 뺑덕어미 살 내음에 파묻혀 딸 생각을 잊어버린 못난 아버지와 다르지 않다.

혼자나마 보이지 않는 눈을 떠보려고 눈꺼풀을 깜박거려 본다. 세상을 여실如實하게 바라보는 일은 정말이지 너무 힘든 일이다.

멀어져 간 '헨더슨 컬렉션'

'너무 늦었다.'라는 말은 슬프다. 거기에는 후회, 아쉬움, 자책감 같은 것이 숨어 있어서, 왠지 왈칵 눈물이 쏟아져 내릴 것만 같다. 텔레비전 드라마나 현실에서 소중한 사람을 사고나 병으로 떠나보내야 할 때, 의사로부터 으레 이런 말을 듣게 된다.

"너무 늦었습니다. 조금만 더 빨랐더라면……. "

아! 조금만 더 빨랐더라면, 얼마나 좋았으랴. 이미 늦어 버린 지금의 상황을 개선할 수 있었던 여러 가지 사건들이 머릿속을 답답하게 메우고, 아쉬움과 안타까움이 가슴을 짓눌러, 우리는 슬픔이 가득 차올라 결국 울음을 터뜨리고 만다.

어릴 적, 70년대의 시골 사람들 중에는 '사리돈' 진통제 중독자들이 많았다. 그들은 몸이 아플 때, 사리돈 한 알이면 가뿐해진다고 믿었고, 실제로 과도한 육체노동에 지쳐 있는 그들의 육체적 고통을 사리돈은 씻은 듯이 사라지게 해 주곤 했다. 그러나 하루 이틀 지나 장기 복용을 하면 사리돈은 중독 증세를 일으키기 시작한다. 하루라도 먹지 않으면 두통이 생겨 견딜 수가 없는 증상을 보이는 것이다. 장기간 사리돈에 노출된 이웃들은 어느 날, 고통이 점점 심해져 견딜 수 없게 되자 가족들에게 업혀 그토록 가기 꺼렸던 병원으로 향했다.

"왜 이렇게 늦게 왔느냐?"는 의사의 나무람을 듣고, 집에 와서 엉엉 울며 큰 병원에 입원하기 위해 가족들과 작별하던 선량한 그들의 들썩이던 어깨가 아직도 눈앞에 선하다. 그것은 너무나 가슴 아픈 추억이다. 내가 어린 시절 좋아했던 사람들은 모두 치료시기를 놓쳐서 떠나 버렸다. 그래서 어쩌면 나는 지금 조금만 아파도 병원에 달려가는 괴벽이 생긴 것일지도 모른다.

사라지는 것들은 우리를 슬프게 한다. 차라리 보지 않았으면 몰랐을지언정, 눈앞에서 영원永遠으로 떠나 버리는 것들은 슬픔을 넘어 아픔을 준다. 간발의 차이로 놓쳐 버린 기차, 멀리 사라져 가는 그 기차의 뒤꽁무니를 멍하니 바라보는 일은 안타깝고 아련하다. 그것은 손아귀에 잡힐 듯 잡힐 듯 잡히지 않고 점점 멀어져 가는 것들에 대한 한숨 섞인 아쉬움이리라.

'문화재제자리찾기' 운동을 진행하면서 언제나 느끼는 것은 너무 늦은 것은 아닐까 하는 고민이다. 지금으로부터 10년 전, 아니 20년 전에만 시작할 수 있었어도 우리는 더 많은 정보와 더 좋은 여건에서 움직일 수 있었을 것이라는 아쉬움이 남는다.

본격적으로 '헨더슨 컬렉션'을 조사하기 시작했던 2006년부터, 너무 늦은 것이 아닐까 하는 조바심에 발을 동동 구르고 있었다. 1988년 헨더슨이 지붕에서 떨어져 사망한 뒤, 미망인 마이어 헨더슨은 '헨더슨 컬렉션'의 핵심이라고 할 수 있는 도자기 150점을 하버드대에 기증했다. 그러나 나는 헨더슨이 가지고 있던 다른 유물들, 이를테면 '회화'나 '전적', '글씨' 들은 아직도 마이어 헨더슨이 소장하고 있을 것이라는 예상을 하고 있었다. 마이어가 한국으로 돌려준 백범 친필 '한미친선 평등호조'라는 글씨가 그렇게 생각해도 될 만한 충분한 개연성을 뒷받침하고 있었기 때문이다.

2007년 12월 마이어 헨더슨이 사망했다는 소식을 전해 들었을 때, 그녀가 죽을 때까지 소장하고 있었던 한국 유물들은 공익 재단에 넘겨져 경매에 붙여질 것이라는 소문이 있었다. 빨리 가서 조사에 착수하고 싶었지만, 여건이 허락하지 않았다. 여러 번 미국행을 결심하

마이어 헨더슨이 사망 시까지 소장했던 한국 유물들 여기에 있는 유물들은 모두 경매회사로 넘어갔다.
(사진 출처 : 『보스턴 한인연합신문』)

마이어 헨더슨이 소장했던 기러기 12폭 병풍

조선 후기의 작품으로 추정되는 석가여래탱화 14,220달러에 경매로 팔렸다고 한다.

고 비자 신청을 했지만 비자를 받는 것이 여의치 않았다. 목이 빠지게 무비자 협정이 체결되기를 기다리던 나에게 희소식이 날아들었다. 2008년 11월 하순 드디어 미국 무비자 입국이 허가된 것이다.

그때부터 부랴부랴 보스턴에 가기 위한 준비를 서둘렀다. 하버드대에 공문을 보내 '헨더슨 컬렉션'의 열람을 허가해 줄 것을 요청했고, 현지 사람들에게 편지를 보내 마이어 헨더슨이 살았던 집을 수소문했다. 그리고 마이어 헨더슨을 취재했던 기자를 만나 그녀가 사망 전까지 소장했던 한국 유물에 대한 사진을 제공받고 그 물건들이 어디로 이동했는지 확인해 보았다. 하지만 이미 유물들은 마이어 헨더슨으로부터 '경매회사'로 넘어가 버렸고, 중요한 유물들은 불과 두 달 전에 경매로 헐값으로 처분되었다는 기가 막힌 사실을 확인할 수 있었다. 아뿔싸! 그만 한 발 늦어 버린 것이다. 눈앞에서 떠나는 막차를 놓친 사람처럼 멍하니 하늘만 바라볼 수밖에 없었다. 아쉬움이 파도처럼 밀려와 가슴을 때렸다. 조금만 더 서둘렀더라면…….

되돌려 받을 수 있는 가능성

누가 사 갔는지 경로라도 확인해 보고자 했지만, 경매회사 측은 개인 사생활 보호를 위해 구입자를 알려 줄 수 없다고 했다. '헨더슨 컬렉션'에 대한 추적은 여기서 끝나는가 하는 허무한 자괴감이 엄습해왔다. 그러나 마이어 헨더슨이 소장하던 유물 사진과 경매에 넘어간 사진을 대조해 본 결과 아직까지 몇 점이 경매에 붙여지지 않고 남아

빼앗긴 문화재를 말하다

있다는 뜻밖의 사실을 알게 되었다. 그중에 나의 시선을 끈 것은 단연코 안평대군의 〈금니사경〉이었다.

안평대군(1418~1453)은 동양 회화 중 최고의 걸작이라고 불리는 〈몽유도원도〉의 작자로, 세종의 아들이다. 그는 조선 최고의 명필로 꼽히고 있으며, 진품 글씨는 현존하는 것이 매우 드물다. 현재 안평대군의 글씨는 국보 제238호(소원화개첩)로 지정되어 있다.

〈금니사경〉은 세로 40.5cm, 가로 21.6cm이며 푸른색 감지에 금니金泥로 '지장경'을 7행 20줄의 규격으로 써내려 간 작품이다. 표구의 비단에는 '안평대군 진적安平大君眞蹟'이라는 글씨가 적혀 있다. 좌우에는 안평대군에 대한 개략적인 설명을 다음과 같이 적어 놓았다.

> 이름은 용瑢. 자는 청지淸之. 호는 비해당匪懈堂·매죽헌梅竹軒. 혹은 낭간
> 거사琅杆居土라고 불린다.

내용은 지장보살본원경地裝菩薩本願經의 제13품 촉루인천품囑累人天品(사람과 하늘을 부탁하여 맡기다.)으로 다음과 같다.

> 爾時地藏菩薩摩訶薩, 胡合掌, 白佛言 : 世尊唯願世尊, 不以爲慮 未來世
> 中, 若有善男子善女人, 於佛法中, 一念恭敬. 我亦百千方便, 度脫是人, 於
> 生死中, 速得解脫. 何況聞諸善事, 念念修行, 自然於無上道, 永不退轉 說
> 是語時, 會中有一菩薩, 名虛空藏, 白佛言 : 世尊, 我自至利, 聞於如來贊歎
> 地藏菩薩威神勢力不可思議. 未來世中, 若有善男子善女人, 乃及一切

> 이때에 지장보살마하살이 무릎 꿇어 합장하고 부처님께 사뢰어 말씀

안평대군의 〈금니사경〉 푸른색 감지에 금니로 『지장경』을 써내려간 작품이다.

드리기를,

"세존이시여, 오직 바라옵건대 염려하시지 마옵소서. 만약 미래세에 선남자 선여인이 불법에 대하여 한 생각이라도 공경심을 낸다면 제가 백천의 방편으로 그 사람을 제도하여 생과 사의 윤회에서 속히 해탈을 얻게 하오리니, 하물며 어찌 여러 가지 착한 일을 하면서 한결같은 마음으로 바른 길 행하는 자이리까. 이 사람은 결코 위없는 큰 도에서 길이 물러서지 않을 것이옵니다."

부처님께서 허공장 보살에게 말씀하시기를,

"자세히 듣고 자세히 들을지니라. 내가 마땅히 그대를 위하여 분별하여 말하리라. 만약 미래세에 선남자 선여인이 있어……."

현지 관계자가 전한 소식에 의하면 하버드대의 로버트 마우리 교수는 이 작품에 대해 "안평대군의 〈금니사경〉은 당초 마이어 헨더슨이 하버드대에 기증하기로 되어 있었으나 유서의 유효 기간이 만료되어 현재 헨더슨 재단이 관리하고 있다."고 밝혔다고 한다. 따라서 이 작품은 하버드대의 헨더슨 재단이 소장하고 있지만, 만약 아서 새클러 박물관이 소장하기를 원한다면 역시 구입해야 하는 상황인 것으로 드러났다. 나는 문득 한 줄기 희망을 보았다. 어쩌면 그 작품을 우리가 매입할 수 있을지도 모른다는 막연한 신기루 같은.

사막에서 길을 잃은 여행자들은 타는 목마름을 이기지 못해 마치 저 멀리 오아시스가 있는 듯한 환상을 본다고 한다. 그러나 그것은 단지 환상에 불과해서 눈앞에 어른거리기만 할 뿐 가도 가도 오아시스는 나타나지 않고, 모래바람에 지쳐 죽음을 맞이할 뿐이라고 한다. 내가 좇고 있는 헨더슨의 그림자들도 어쩌면 잡힐 듯 잡힐 듯 잡히지 않는 오아시스의 신기루 같은 것일지도 모른다. 그럼에도 불구하고 헨더슨의 그림자를 추적하여 머나먼 미국 보스턴까지 찾아간 것은 '헨더슨 컬렉션'에 대한 사실 관계를 정리하기 위해 최소한 누군가는 시도해야 할 몫이라고 생각하였기 때문이다. 불행하게도 내 앞에 그 최소한의 누군가가 한 명도 없었다.

'헨더슨 컬렉션'은 가난하고 힘들었던 우리의 근현대사 속에서 다른 나라 사람도 아닌 우리의 엘리트들이 뇌물로 넘겨 버린 문화재들이다. 심지어 헨더슨이 한국을 떠날 때, 그것들을 무사히 가져갈 수 있도록 도와준 사람들이 있을 정도였다고 한다. 그 부끄러운 과거와 정면으로 만나는 일은 지금의 우리에게도 참으로 힘든 일이다. 그러나 수치를 이기고 일어나는 자가 명예를 얻는 법이다.

머나먼 시간의 여행을 떠난 '헨더슨 컬렉션'이 일부나마 본국으로 돌아온다면 우리는 스스로 팔아먹은 문화재에 대한 죄의식을 조금이나마 정직하게 털어낼 수 있지 않을까?

4

남은 과제들 — 제자리 찾기

『직지』를 둘러싼 해프닝은 우리에게 심각하게 묻는다.
"그동안 우리는 왜 이렇게 정교하지 않았던 것일까?"
"우리에게 문화재는 관광 상품이거나 국사 교과서에서 외워야 할 지식에 불과했던가!"

다보탑의 돌사자는 어디로 갔을까?

이순신의 진짜 칼을 찾아라 — 쌍룡검

우리도 문화재 약탈국이다 — 오타니 컬렉션 반환운동

'직지심경'이 불경이 아니라고?

대마도 불상은 제자리로 가야 한다

다보탑의 돌사자는 어디로 갔을까?

십 원짜리 동전 속 다보탑의 비밀

1987년 6·29 선언 이후 민주화의 열망이 세상 곳곳으로 들불처럼 번져 가던 때로 기억한다. 그해 치러지는 대선에 당선되기 위해 불교 신자인 노태우 대통령 후보가 십 원짜리 주화에 불상을 새겨 넣었다는 소문이 파다했다. 서울 장안의 어느 용한 점쟁이가 노태우 후보에게 국민 모두의 품에 부처님을 지니게 한다면 대통령에 당선될 것이라고 조언했다는 이유에서였다.

이 말을 듣고 귀가 솔깃해진 노태우 후보는 한국은행에 압력을 행사, 십 원짜리 주화 뒷면의 다보탑 문양에 불상을 새겨 넣게 하였고, 결과적으로 노태우 후보는 대통령에 당선되었다는 소문이었다.

어릴 적 고만고만한 동네 친구에게 그 말을 듣고 십 원짜리 동전 뒷면을 살펴보니 이전에는 보이지 않던 조그만 불상 하나가 과연 다보탑 안에 새겨져 있었다.

이 소문은 단지 소문으로만 끝나지 않았다. 노태우 대통령의 임기가

| **다보탑(국보 제20호)** 경상북도 경주시 진현동 불국사 경내에 있는 통일신라시대의 화강암 석탑이다. |

끝난 1995년, 기독교계에서 "십 원짜리 주화의 불상 도안은 위헌"이라
며 문제를 제기했다. 주 모某 변호사 등 기독법률센터 회원 7명은 십 원
짜리 주화의 다보탑 도안에 들어 있는 불상은 '누구든 종교적으로 파별
派別을 받지 않는다.'는 헌법 조항을 위배한 일이라며 한국은행에 도안
변경을 요구했다. 이들은 만약 요구가 받아들여지지 않는다면 헌법 소
원을 제기하겠다는 등 강경한 방침이었다.

그러나 이런 요구는 결국 헤프닝으로 끝나 버렸다. 한국은행은 "다
보탑 도안 내부에 있는 물체는 불상이 아니라 돌사자상인 만큼 도안
을 바꿀 수 없다."는 입장을 공식 발표했다. 나아가 현행 십 원짜리 주
화는 1983년 1월 15일에 발행된 35억 개가 유통되고 있으며, 이와 같
은 정황은 조폐공사가 보유 중인 원 도안을 보거나 동전을 확대경으
로 자세히 관찰하면 쉽게 확인할 수 있다고 말했다. 이 발표로 모든 의
혹은 일소一消되었다. 수많은 의혹들이 난무하고 권력에 대한 불신감
이 팽배한 시절에 있었던 참으로 우스꽝스러운 일이 아닐 수 없었다.

탐욕스러운 약탈의 손길

국보 제20호 불국사 다보탑은 석가탑과 더불어 우리나라의 가장 대표적인 석탑이다. 이 두 탑은 불국사 대웅전과 자하문 사이의 뜰 동서쪽에 마주 보고 서 있는데 동쪽 탑이 다보탑, 서쪽 탑이 석가탑이다. 두 탑을 같은 위치에 세운 이유는 '과거의 부처'인 다보불多寶佛이 '현재의 부처'인 석가여래가 설법할 때 옆에서 옳다고 증명한다는 『법화경』의 내용을 사찰 안에 구현하기 위함이었을 것이다. 다보탑은 목조 건축의 구조를 참신한 발상을 통해 산만하지 않게 표현한 것으로 4각, 8각, 원을 한 탑에서 짜임새 있게 구성한 점, 각 부분의 길이·너비·두께를 일정하게 통일시킨 점 등으로 8세기 통일신라 미술의 정수挺秀를 보여 주고 있다.

하지만 일제의 탐욕스러운 약탈의 손길은 이 탑마저 가만두지 않았다. 다보탑의 기단부 네 모서리에는 원래 돌사자 4구軀를 배치하였으나, 일제강점기를 거치면서 3구가 분실되고, 지금은 입부분이 떨어져 나간 돌사자 1구만 남아 있다.

도쿄 제국대의 조교수였던 세키노 다다시에 의하면, 1902년 불국사를 조사할 당시에는 4구의 돌사자 모두가 보존되고 있었는데, 1916년 경주에 다시 와 보니 상태가 좋은 2구의 돌사자는 사라졌다고 했다. 1916년 발행된 『조선고적도보』에 기재된 사진에는 2구의 돌사자가 남아 있는 사실이 확인되고 있다. 당시 경주군 주석서기主席書記를 지낸 기무라도 『조선에서 늙으며』라는 책에 돌사자에 대한 기록을 남겼다. 그는 책에서 "나의 부임을 전후해서, 도둑들에 의해 반출된 석굴불상 2구와 다보탑 돌사자 한 쌍, 등롱(사리탑) 등 귀중물이 반환되

다보탑의 돌사자 현재까지 남아 있는 1구의 돌사자로, 입부분이 손상되었다.

어 보존상의 완전을 얻는 것이 죽을 때까지의 소망이다."라고 적었다.

불행은 거기서 끝나지 않았다. 1929년 소설가 현진건이 『동아일보』에 기고한 「고도순례 경주」에 의하면 남아 있던 한 쌍 중 또다시 하나의 돌사자가 분실되어 결국 1구만 남게 된 사실을 알 수 있다.

> 들으매 이 탑의 네 귀에는 돌사자가 있었는데, 두 마리는 동경 모 요리점의 손에 들어갔다 하나, 숨기고 내어놓지 않아 사실 진상을 알 길이 없고, 한 마리는 지금 영국 런던에 있는데 다시 찾아오려면 5백만 원을 주어야 내어놓겠다 한다던가? 소중한 물건을 소중한 줄도 모르고 함부로 굴리며, 어느 틈에 도둑을 맞았는지도 모르니, 이런 기막힐 일이 또 있느냐? 이 탑을 이룩하고 그 사자를 새긴 이의 영靈이 만일 있다 하면 지하에서 목을 놓아 올 것이다.
>
> ― 현진건, 「고도순례 경주」 중에서(『동아일보』, 1929.8.15.)

물론 해방 이후 다보탑의 돌사자를 찾기 위한 몇 번의 시도가 있었다. 1965년 한일협정 체결 당시 일본이 우리에게 반환해야 할 석조 문화재 품목에 돌사자를 언급했고, 반환 협상을 담당했던 사람들이 일본의 라디오 방송을 비롯한 언론을 동원해 행방을 추적했었다. 그러나 끝내 사라진 다보탑의 돌사자는 나타나지 않았다. 도대체 누가 돌사자를 가져갔는지, 왜 가져갔는지, 그 돌사자가 어디에 있는지 이제껏 아무것도 밝혀지지 않고 있다.

다보탑 돌사자의 행방을 찾아

이 모든 사건의 시발점이었던 1902년 8월로 되돌아가 보도록 하자. 도쿄 제국대 조교수 세키노 다다시는 경주 불국사를 찾았다. 그는 대한제국의 요청으로 조선의 고건축 실태를 조사한다는 명목으로 개성, 경주를 비롯한 주요 도시의 고건축 실태를 면밀히 조사하고 있었다. 개성 인근의 폐사지에서 경천사지십층석탑의 존재를 최초 발견한 것도 그의 조사 과정에서였다. 세키노 다다시는 우리나라 고건축 조사를 마치고 귀국한 뒤, 1904년 그와 관련된 내용을 『조선건축조사보고서』라는 책자로 펴냈다. 그리고 개성 조사 당시 자신에게 도움을 주었던 일본 사람에게 책을 한 권 선물했는데, 이것이 문화재 수탈의 화근이 되고 말았다.

1906년 개성의 일본인은 그 자료를 토대로 불국사에 내려가 불국사 승려들을 협박하여 '사리탑 1기'를 일본으로 반출하는 데 성공했다.

불국사 사리탑(보물 제61호)
불국사 경내에 있는 고려 시대의 사리탑으로 매우 화려한 모양이며 일본인에 의해 일본에 반출되었다가 반환되었다.

당시 일본에 있던 세키노 다다시는 불국사 사리탑이 일본 우에노 공원의 정양헌 정원에 있는 것을 알고 깜짝 놀랐다고 한다. 그러나 그는 약탈 행위에 대해서 침묵했으며, 오히려 『국화』라는 잡지에 불국사 사리탑의 특징을 해설하는 글을 기고하기도 했다.

1910년 국권 상실 후 고적 조사를 위해 다시 조선에 건너온 세키노 다다시는 조선총독에게 불국사 사리탑을 원래 위치로 되돌려 놓아야 한다는 점을 주장했다고 한다. 그러나 이미 불국사 사리탑은 정양헌 정원에서 다른 곳으로 팔려 나간 뒤라 행방을 찾을 수 없었다. 그로부터 20여 년이 지난 1933년 5월, 세키노 다다시는 우연히 도쿄의 한 제약회사 사장인 나가오의 정원에서 이것을 발견했고, 나가오 사장을 설득한 끝에 1933년 7월, 조선총독부에 기증하는 형식으로 불국사에 반환하였다. 지금 불국사 경내에 위치한 보물 제61호 불국사 사리탑은 이와 같은 우여곡절이 담긴 문화재이다.

2006년 5월 31일. 나도 도쿄 우에노 공원에 위치한 정양헌이란 요리점을 찾았다. 불국사 사리탑에 얽힌 사건 현장을 둘러보기 위함과 혹시라도 다보탑 돌사자에 대한 단서라도 얻지 않을까 하는 마음에서였다.

일제강점기 다보탑 돌사자상의 분실 이후, 많은 사람들이 개성의 일본인이 불국사 사리탑을 불법 반출할 때 다보탑 돌사자도 같이 빼돌렸을 가능성을 제시해 왔다. 현진건이 "두 마리는 동경 모 요리점의 손에 들어갔다."라고 말한 진술을 토대로 생각하면, 우에노의 정양헌은 돌사자 약탈의 가장 강력한 용의선상에 올라 있다고 할 수 있을 것이다. 하지만 정양헌 구석구석을 유심히 살펴보고 관계자들과 이런저런 대화를 나누어 보았지만, 끝내 돌사자의 행방에 대한 실마리는 찾을 수 없었다. 그렇다면 불국사 사리탑을 최종적으로 소장하다가 돌

| 정양헌 |

려보낸 도쿄 제약회사 사장의 정원에 돌사자가 있을 가능성도 충분하다고 생각한다.

유홍준은 『나의 문화유산 답사기』에서 "아무튼 지금 다보탑에 남아 있는 돌사자는 얼굴에 난 상처 덕분에 제자리를 지키게 됐다. 굽은 소나무가 무덤을 지키고, 쓸모없는 갯버들이 고목이 되어 정자나무가 된 격이다."라고 쓸쓸한 소회所懷를 밝혔지만, 한탄만 하고 넘어가기엔 눈뜨고 도둑맞은 시대의 아픔이 너무 크다. 언젠가 어느 선각자의 노력으로 인연이 닿아 사라진 다보탑의 돌사자가 제자리로 돌아오게 되기를 간절히 기도하는 수밖에.

이순신의 진짜 칼을 찾아라

—

쌍룡검

이순신 장군, 내 유년의 기억

이순신은 언제나 우리 아이들이 존경하는 인물 1위의 자리를 차지하고 있는 불멸의 위인일 게다.

"이 강산 침노하는 왜적의 무리를 거북선 앞세우고 무찌르시어~"

학교 운동장의 어느 구석에서는 계집아이들이 꾀꼬리 같은 목소리를 돋우어 고무줄놀이를 하고 있었고, 장난꾸러기 짓궂은 사내 녀석들은 고무줄놀이 하는 여자아이들을 골탕 먹인다며 고무줄을 끊고 도망 다녔다. 그다지 색다를 것 없는 평범한 일상의 하루로 남은 유년의 기억 한구석에서조차 이순신은 그렇게 남아 있다.

나는 어릴 적의 한때를 병약했던 어머니가 요양을 하기 위해 머무른 충남 온양에서 보냈다. 무료할 때면 어머니 손을 잡고 현충사에 가서 연못에서 뛰노는 비단잉어를 보며 한없이 즐거워하곤 했다.

그 당시 현충사 유물 전시관에 진열된 '이순신 장군의 칼'은 어린 나에게 세상에 존재하는 어떤 칼보다도 더 크고 빛나는 모습으로 다

가와 왠지 모를 자랑스러움을 느끼게 해 주었다.

쌍룡검이 사라졌다

최근에 나는 어릴 적 무심히 바라보기만 했던 현충사의 칼이 이순신 장군이 실제로 사용한 것이 아니라는 것을 알게 되었다.

현재 이순신 장군의 칼은 충남 아산 현충사에 2자루(보물 326호), 통영 충렬사에 4자루(보물 440호-귀도 2자루, 참도 2자루) 등 총 6자루가 남아 있다. 그런데 현충사에 소장되어 있는 2자루의 칼은 실제 사용하기에 크기가 너무 큰 의전용이고, 충렬사에 소장되어 있는 4자루의 칼은 충무공 사후 명나라 황제가 보내 온 것으로 실제로 사용한 적이 없는 것이라고 한다.

이순신 장군이 실제로 사용한 칼은 '쌍룡검'이라고 불리던 칼인데, 그 행방이 묘연했다. 어떻게 그런 일이 있을 수 있었을까? 쌍룡검은 1910년까지 조선왕실의 궁내부박물관에 보관되어 있었으며, 1910년 간행된 『조선미술대전』에 '이순신 장군의 칼'이라는 이름으로 사진까지 기재되어 있다.

　　쌍룡검에는 다음과 같은 명문이 새겨져 있다.

　　　鑄得雙龍劍　千秋氣尙雄
　　　盟山誓海意　忠憤古今同
　　　쌍룡검을 만드니 천추에 기상이 웅장하도다.
　　　산과 바다에 맹세한 뜻이 있으니 충성스러운 의분은 고금에 같도다.

　　쌍룡검에 대한 이야기는 박종경의 『돈암집』*에도 기록되어 있다.

　　　병부상서 심두실(심상규의 호) 공이 나에게 검 한 자루를 주면서 말하기를, "이 검은 이충무공이 패용하던 것이오. 내가 간직한 지 오래되었으나 나는 서생이라 쓸 데가 없으니, 상장군이 된 자에게나 어울리겠소."라고

---

* 10권 6책으로 된 박종경의 시문집. 규장각 도서이며, 현재 전하는 것은 필사본이다. 1825년(순조 25)에 아들 박기수朴岐壽가 엮었다. 권1에는 부賦 1편과 시 104수, 권2~4에는 소疏(임금에게 올리는 글) 70편이 실려 있다. 권5에는 계啓(윗사람에게 올리는 글) 69편과 강의 35편, 권6에는 서書 39편과 서序 56편, 기記(주로 사적이나 풍경 따위를 서사적 문체로 적은 글) 1편, 그리고 발跋(본문 내용의 줄거리나 간행에 얽힌 이야기를 간략히 적은 글)·상량문(상량上樑을 축복하는 글)·잡저 각 1편이 실려 있다. 권6의 원융검기元戎劍記라는 글에는 지은이가 훈련대장으로 있을 때 이순신이 쓰던 칼을 심상규沈象奎로부터 얻은 기록이 있다.

하였다. 나는 그 검을 받고 매우 기뻐하며 절하고, 그것을 뽑아 보니 길이
가 1장 남짓이었는데, 아득하기가 끝이 없었다. 참으로 좋은 검이었는데,
칼등에 시가 있었다.

쌍룡검을 만드니 천추에 기상이 웅장하도다.
산과 바다에 맹세한 뜻이 있으니 충성스러운 의분은 고금에 같도다.

나는 놀라서, '또 한 자루가 있을 터인데, 어떻게 이것을 구하여 합칠
수 있을까?' 생각했다. 여러 날이 지나서, 홀연히 검을 지니고 들어와서
고하는 자가 말하길, "신기하게도 이것을 샀습니다. 장군이 지니고 계시
면서 아끼시는 검과 어찌 그리 꼭 같단 말입니까?"라고 하였다. 내가 심
공이 준 검과 비교해 보니 벽에 걸어 놓은 것과 꼭 같았다. 잠자코 한동
안 있다가 비로소 검의 출처를 물었더니, 아산현에서 차고 온 자가 있었
다고 한다. 내가 말하길, "믿을 만하다. 지난번 심 공의 말이 지금도 어
긋나지 않으니, 또 검 한 자루를 얻었구나."라고 했다. (…중략…) 신미년
(1811, 순조 11) 10월 하순에 그 시말을 이상과 같이 기록하노라.
— 박종경, 『돈암집』 6권의 「원융검기」 중에서

그 뒤 쌍룡검은 조선 군부에서 중요한 물건으로 보관해 왔다고 전
해진다. 그러다가 1907년경 일본이 우리나라의 국권을 빼앗은 뒤, 조
선 군부로부터 칼을 빼앗았고 궁내부박물관에 소장시킨 듯하다. 다
행히도 1910년 발행된 『조선미술대관』에 실물의 형상이 수록되어 지
금까지 전하게 되었다. 또한 이 기록을 통해 1910년 무렵까지는 칼이
전해져 왔음을 알 수 있다. 그러나 어느 시기인지는 정확하지 않지만,

이 칼은 사라지고 말았다. 100년 전 사라진 쌍룡검은 어디로 갔을까? 일본이 가져가거나 폐기했을 가능성이 점쳐지기도 하고, 해방 이후 6·25전쟁에 이르는 사회적 혼란기에 분실된 것으로 추정하기도 한다.

세상에 어떤 나라이든 잃어버리면 안 되는 물건이 있다고 한다. 이른바 신물이라고 하는 것이다. 신물은 자신들의 정체성과 관련된 그 어떤 것이고, 자신의 신분을 증명해 주는 물건이기 때문이다. 옥새가 없는 왕, 붓이 없는 선비처럼 신물을 잃어버린 사람들은 왠지 기가 죽고 힘이 없어진다. 그것은 정상적이지 않은 상태임을 반증한다.

나를 놀라게 하는 것은 1984년 이종학(전 독도박물관장)이란 서지학자가 이와 같은 사실을 발견해 내기까지 아무도 몰랐다는 점, 그리고 우리들 대부분은 지금까지도 그 사실을 모르고 있다는 점이다. 풍전등화의 위기에서 우리를 구한 그 칼은 우리의 곁에서 그렇게 멀어져 버리고 말았다.

쌍룡검을 찾아가는 길

이순신의 쌍룡검은 단순한 무인武人의 칼이 아니다. 이것은 일본의 무력 앞에 노예로 전락해 가는 민족을 건진 칼이고, 수많은 인명을 살려 낸 '활인검活人劍'이요, 한 시대와 민족에게 나아갈 길을 밝혔던 '대장군의 칼'이다. 하지만 슬프게도 이 칼은 지금으로부터 100년 전의 모습만을 남긴 채 어디론가 사라져 버렸다. 우리는 우리를 이끌어 갈 지도자의 칼을 잃어버리고 살아온 것만 같다. 이순신 장군의 피와 땀

이 스며 있는 칼을 잃어버리고도 찾아보지 않았던 우리들의 슬픈 자화상이 너무나 초라하게 느껴진다.

　어린 시절로부터 30여 년의 세월을 지나 최근 현충사에 다시 가 보았다. 어릴 때의 모습에서 그다지 변한 것은 없었다. 다만 몸이 아팠던 젊은 어머니는 세상에 계시지 않고, 내가 벌써 그때의 어머니 나이가 되어 있다. 이순신 장군의 사당에 분향하면서 '잃어버린 雙龍劍을 찾는 일'에 대해 생각했다. 그리고 언젠가 반드시 雙龍劍을 찾아내겠다고 이순신 장군과 마음으로 약속했다. 그것은 내 어린 시절 가장 존경했던 인물에 대한 보답, 아름다운 어머니의 모습과 만나는 행복한 일이 될 것이다. 가슴 벅찬 설렘으로 이순신의 雙龍劍을 찾아가는 길은 유년의 추억, 어머니에 대한 사랑, 그리고 진리를 찾는 구도求道의 길과 맞닿아 있다는 것을 믿는다.

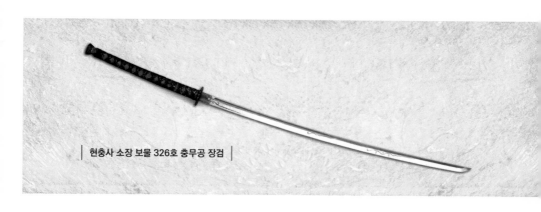

| 현충사 소장 보물 326호 충무공 장검 |

이순신의 진짜 칼을 찾아라 — 쌍룡검

우리도 문화재 약탈국이다

—

오타니 컬렉션 반환운동

우리나라에 '오타니 컬렉션'이 남게 된 이유

'오타니 컬렉션'은 일본 교토의 정토종淨土宗 니시혼간지西本願寺의 승려 오타니 고즈이大谷光瑞(1876~1948)에 의해 중앙아시아(둔황, 투루판, 우루무치 등)에서 약탈된 문화재이다.

| 오타니 고즈이 |

서구 열강의 중앙아시아 탐험이 한창 진행되고 있을 무렵, 당시 런던에 유학하고 있던 오타니는 중앙아시아의 고문서 발견이 로마와 함부르크에서 열린 국제 동양학자회의에서 큰 반응을 얻은 것에 자극을 받아 중앙아시아 탐험을 실행했다. 그는 1902년부터 1914년까지 세 차례에 걸쳐 중앙아시아 각지를 탐사해 많은 유물을 수집했으나, 오타니 개인 차원의 탐험이었기 때문

| 오타니 탐험대 |

에 재정 운영상의 문제라는 난관에 부딪혔다. 이에 오타니가 그 책임을 지고 은퇴하자 탐험대는 기반을 잃었고 수집된 유물들도 뿔뿔이 흩어지고 말았다.

그때 고베에 있던 그의 별장 니라쿠소二樂莊를 구입한 당시 정치가이자 사업가였던 구하라 후사노스케久原房之助는 1916년 같은 고향 출신인 데라우치 마사타케寺內正毅 조선총독에게 이 서역 유물들을 기증했다. 당시 데라우치는 총독부박물관으로 사용하던 경복궁 수정전修政殿에서 유물들을 전시하다가, 1945년 해방과 동시에 그대로 두고 일본에 돌아가면서 이 유물들을 국립중앙박물관 소장품으로 남게 되었다.

'오타니 컬렉션'은 돌려주어야 한다

2006년 이후 우리는 약탈당한 문화재의 '문화재 제자리 찾기' 운동을 전개하면서, 막상 우리도 약탈 문화재를 가지고 있으면서 다른 나라에게 문화재 반환을 요구하는 내부 모순에 직면하게 되었다. 물론 우리가 직접 약탈한 것은 아니지만, 문제는 우리도 약탈 문화재를 돌려주지 않으면서 다른 나라에게 반환을 요구하는 것은 '진정성이 없다'는 점이었다. 우리가 약탈 문화재를 돌려줄 수 없다면, 일본이나 프랑스도 마찬가지 입장이라는 것을 알면서도 막상 손에 든 것을 내던질 줄 모르는 것은 왜일까? 거기에는 문화재의 모든 문제를 야기한 근본적 원인 '인간의 욕망'이 있기 때문이다.

'오타니 컬렉션'은 둔황에서 투루판에 이르는 석굴 사원에서 절취한 것으로, 대부분이 부처님이나 보살상의 벽화이다. 나는 우리 불자들이 불교 사상을 이해하고 실천하고자 한다면 반드시 원소재지 반환의 원칙을 고수하고 과감하게 본래의 지역으로 되돌리는 운동 전개에 앞장서야 한다고 생각한다. 불투도不偸盗(도둑질 하지 말라.)는 부처님께서 강조하신 계율의 실천이자 불교 사상의 실현이기 때문이다. 하물며 그 대상물이 부처님 벽화라고 하지 않은가!

국립중앙박물관 측을 비롯하여 어떤 사람들은 "상대국에서 돌려 달라고 요청도 하지 않았는데, 우리가 먼저 나서서 돌려주겠다고 할 필요가 있겠느냐."며 반문하기도 한다. 그러나 도난품을 소지하고 있는 사람이 주인이 돌려 달라고 하지 않는다고 해서 계속 사용하는 것은 그다지 양심적이라고 할 수 없다.

벽화가 도굴된 키질 석굴의 모습(왼쪽)과 **절취한 벽화의 일부분**(오른쪽, 국립중앙박물관 소장)
오타니 탐험대가 중앙아시아 탐험을 통해 약탈한 문화재이다.

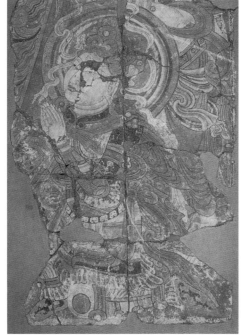

공양보살상 투루판 베제클리크 제15굴
에서 약탈한 문화재이다.
(국립중앙박물관 소장)

문화재를 돌려주기 위한 노력

이미 '문화재제자리찾기'는 지난 2007년 3월 18일부터 21일까지 베이징에서 '신장성 인민정부'와 함께 '오타니 컬렉션' 문제를 공식 논의했다. 이날의 만남은 '중앙아시아 신장성 지역의 약탈 문화재 원소재지 반환'에 대한 쌍방의 의견을 조율하는 자리였고, '문화재제자리찾기'와 '인민정부'는 '원소재지 반환의 원칙'을 지키는 것을 포함하여 6개 항의 내용을 합의하고 공동으로 '오타니 컬렉션'을 포함한 약탈 문화재의 반환운동을 전개해 나가기로 했다.

이날 회담에서 호위胡偉 신장성 자치구 부주석은 "한국의 '문화재제자리 찾기' 활동은 한국인들이 중국에 대한 관심과 중국인에 대한 깊은 우의를 표시하는 활동"이라고 고마움을 표시하며, "해외에 유출된 신장 유물 문제에서 여러분의 활동은 중요한 의미가 있으며, 다시 한번 문화유산에 대한 관심을 증폭시키는 기회가 되었다."고 말했다.

신장성 인민정부와의 만남
문화재제자리찾기는 신장성 인민정부를 만나 오타니 컬렉션 반환 문제에 대한 회담을 진행하였다.

또한 "'문화재제자리찾기'와의 만남이 신장의 문물을 알리고 한중 양국의 우의를 다지며, 더 나아가 한중 문화 교류를 촉진하고 경제 방면의 협력에 지대한 영향을 끼칠 수 있을 것"이라고 강조했다.

신장성 자치구 문물국도 '오타니 컬렉션' 반환 원칙에 기본적으로 동의하며 구체적 활동 방안과 일정은 양방이 협력과 연구를 통해 빠른 시일 내로 진행하도록 할 것이며 신장 자치구 문물국과 외무국, 북경 주재 신장 사무처는 "'오타니 컬렉션 반환 추진 위원회'에 적극적인 협조와 협력을 다할 것이며 빠른 시일 안에 실효를 거둘 수 있도록 힘을 다해 추진할 것"을 약속했다.

양심의 제자리 찾기를 위하여

진리는 단순히 한 개인과 민족의 범주를 넘어 세계와 우주를 추구하는 보편성을 지녀야 한다. 나는 이런 사상적 기반 위에서 문화재의 '제자리 찾기'가 전개되기를 희망하고, 제국주의 열강들에게 '양심의 소리'에 귀 기울일 것을 촉구하고 싶다. 또한 이런 생각을 바탕으로 나는 우리가 지닌 약탈 문화재 — 국립중앙박물관 소장 '오타니 컬렉션'의 원산국 반환이 이루어지기를 희망한다.

'오타니 컬렉션'을 보면서 중앙아시아 민족들이 느끼는 가슴앓이를 식민지 수탈을 경험한 민족으로 조금이나마 헤아려 볼 수는 없을까? 강대국의 이권 각축장으로 변질되어 슬픈 역사를 경험한 우리 민족이 바로 그 제국주의 열강들에게 부끄러움을 돌려주는 일을 먼저 시작하

자. 그것이 내가 생각하는 불교의 실천 방법이고 문화재 환수운동이 지향해야 할 '제자리 찾기'의 좌표이다.

'오타니 컬렉션' 반환 움직임에 비난의 여론이 종종 들려온다. 중요한 것은 비난을 받는 것이 아니라, 이것이 정의이냐 아니냐일 것이다. 우리 것은 돌려받고 남의 것은 돌려주지 말자는 어리석은 중생의 이기심에 문제를 제기하는 것은, 단순히 '문화재의 제자리를 찾아 주는 일'을 넘어 '양심의 제자리를 찾아 주는 일'일 것이다. 마음속으로 아무리 헤아려 보더라도 나는 '오타니 컬렉션'을 원소재지로 반환하는 것에 추호의 거리낌이 없다. '오타니 컬렉션'을 원소재지로 돌려주자는 운동을 왜 우리 스스로 먼저 제기해야 하느냐고 묻는 사람들의 질문을 들을 때마다, 백범 김구의 말이 자꾸만 머릿속에 떠오른다.

> 나는 우리나라가 세계에서 가장 아름다운 나라가 되기를 원한다. 가장 부강한 나라가 되기를 원하는 것은 아니다. 내가 남의 침략에 가슴이 아팠으니 내 나라가 남을 침략하는 것을 원하지 아니한다. 우리의 부력富力은 우리의 생활을 풍족히 할 만하고 우리의 강력强力은 남의 침략을 막을 만하면 족하다. 오직 한없이 가지고 싶은 것은 높은 문화의 힘이다. 문화의 힘은 우리 자신을 행복되게 하고 나아가서 남에게 행복을 주겠기 때문이다.
>
> — 백범 김구, 「나의 소원」 중에서

'직지심경'이 불경이 아니라고?

'직지심경'이 불경이 아니라고?

수년 전 절에 찾아온 프랑스 학자에게 이런 질문을 받은 적이 있었다.

> 한국 사람들 직지에 대한 애정이 남다른 것 같아요. 사실 세계 최초로
> 금속활자를 발명해서 인류의 문화 발전에 이바지했다는 데 자부심을 느
> 낄 만한 일이죠. 그런데 이상해요. 왜 아무도 그걸 누가 썼는지, 무슨 내
> 용인지에 대해서는 관심이 없는 거죠? 그리고 이건 불경이 아닌데 모두
> 들 직지심경이라 하는 것은 잘못 아닌가요?

순간 어디론가 숨어버리고 싶을 정도로 민망해졌다. 나 역시 『직
지』가 그저 세계 최초의 금속활자본이라는 사실만 알고 있었을 뿐,
누가 지었는지 또 무슨 내용인지에 대해서는 아는 게 별로 없었기 때
문이다. 게다가 왜 불경도 아닌 『직지』를 '직지심경'이라고 부르는지에
대해서는 단 한 번도 생각해 보지 않았기 때문이다. 『직지』에 대한 나

의 관심은 그렇게 시작되었다.

『직지』의 내용과 편저자

프랑스가 소장하고 있는 『직지』는 1377년 청주 흥덕사에서 금속활자로 간행한 책으로, 현존하는 세계 최고最古의 금속활자본이다. 원제는 『불조직지심체요절』인데, 현재는 표지에 적힌 『직지』를 약칭으로 사용하고 있다. 상·하 2권으로 구성되어 있으나, 현재 상권은 전하지 않고, 하권 1책(총 38장)만이 프랑스 국립도서관 동양문헌실에 전하고 있다.

반면 취암사에서 간행된 『직지』 목판본은 상·하권이 완전한 형태로 남아 있다. 이것은 최근 우리나라 보물 제1132호로 지정됐으며, 국립중앙도서관과 한국학중앙연구원 장서각 및 영광 불갑사에 소장되어 있다. 이 책이 있기에 우리는 금속활자본만으로 알 수 없었던 체제나 내용을 파악할 수 있다.

『직지』는 직지인심直指人心 견성성불見性成佛이라는 선종의 가르침에서 비롯한 용어로 "참선을 통하여 사람의 마음을 바르게 볼 때, 그 마음의 본성이 곧 부처님의 마음임을 깨닫게 된다."는 뜻을 내포하고 있다.

이런 『직지』를 편저한 것은 백운경한白雲景閑(1298~1374) 스님이다. 백운 스님은 1298년에 전라북도 정읍에서 출생했다. 1351년 5월에 중국 호주의 석옥石屋선사에게 불법을 구했는데, 석옥선사로부터 『불조직지심체요절』 1권을 전해 받고 불도를 닦았고, 서천국 108대 존자인 인도의 고승 지공화상으로부터 가르침을 받았다. 그 후에 황해도 해주의 안국사와 신광사 등에서 주지를 지낸 후 후진 양성에 힘쓰다가 1372년에 성불산 성불사에서 145가家의 법어를 가려 상·하 2권으로 『직지』를 편집하여 저술하였다. 1374년에 여주 취암사에서 입적入寂하였다.

『직지』는 석옥선사가 전해 준 『불조직지심체요절』에 『선문염송』과 『치문경훈』 등에서 그 내용을 보완하고, 과거 7불佛과 인도 28조사祖師, 중국 110선사 등 145가家의 법어를 가려 뽑아 307편에 이르는 계·송·찬·가·명·서·법어·문답 등을 수록하고 있다. 우리나라의 선사로는 유일하게 신라 대령선사大領禪師가 하권에 수록되어 있다.

'불경'은 부처님의 말씀을 제자 아난이 듣고 기록한 것만을 특정해서 지칭하는 용어이다. 따라서 부처님의 말씀만을 기록한 것을 '경'이라고 부를 뿐, 선가의 어록이나 다른 고승들의 법어집을 '경'이라고 부르지는 않는다. 다만 육조 혜능 스님의 어록을 기록한 『육조단경』만이 '경'이란 호칭을 얻고 있다. 이는 달마대사로부터 내려오는 선종의 법통을 존중해서 육조 스님의 말씀을 기록한 어록을 '경'이라고 부르고 있는 셈이다. 그 외 다른 불서들을 '경'이라고 지칭하는 경우는 존재하지 않는다.

따라서 『직지』를 '직지심경'이라고 부르는 것은 명백한 잘못이 아닐까? 이에 대한 의문을 풀기 위해 나는 『직지』 발견과 관련된 신문 기사를 검색, 실마리를 찾아냈다.

『직지』는 프랑스 파리에서 현존하는 최고의 금속활자본이 발견되었다는 최초 보도부터 '직지심경'이란 이름으로 소개되고 있었다. 그런데 기사의 중간에 국내 학자들이 이 책의 제목을 바라보는 의아한 시선이 등장한다.

> '직지심경'이란 책은 우리나라 문적文籍에는 없는 책으로 불서명의 관례에 따른 약명略名인 것으로 학자들은 보고 있다. 구한말에 주한 프랑스 공사관 서기였던 '모리스 꾸랑'이 1891년에 펴낸 『한국서지』에는 『직지심체요절』이란 책명이 나오는데, 1377년 청주 흥덕사에서 발간된 금속활자본으로 기록되어 있어 '직지심경'과 같은 책이 아닌가 추측되고 있다.
> ― 「세계최고의 고려금속활자 인쇄물 '직지심경' 빠리서 발견」,
> 『동아일보』, 1972.5.29 기사 중에서

정리하자면 '직지심경'이라는 책명에 대해 우리나라 서지학자들은 '처음 듣는 책'이라는 반응을 보였고, 아마도 '모리스 꾸랑'의 저술에 등장하는 『직지심체요절』을 잘못 말한 것이 아닌가 의심하고 있었다는 말이다.

도대체 왜 '직지심경'이라고 부른 것일까?

처음부터 『직지』를 '직지심경'이라고 보도하기 시작했다면, 그것은 언론에 『직지』를 최초로 제보한 사람에 의해 벌어진 오류일 가능성이 컸다. 『직지』를 발견했다고 알려진 박병선 여사가 『직지』를 '직지심경' 이라고 소개한 것은 아니었을까? 결국 나는 박병선 여사의 인터뷰를 찾아 조사하기 시작했다.

처음으로 눈에 띈 박병선 여사의 인터뷰는 2009년 『조선일보』와의 인터뷰였다.(「직지심경 찾자 정부 "왜 이걸 찾아 문제 만드나"」, 『조선일보』, 2009.11.3.) 기자가 박병선 여사와 직접 인터뷰를 진행한 기사 제목에 '직지심경'이란 단어를 사용했다는 것이 주목을 끌었다.

> 학자로서 그는 남들이 평생 한 번 이루기 힘든 업적을 여러 번 이뤘다. 그는 단순히 『직지심체요절』을 찾아낸 사람이 아니라, 이 책이 1455년에 나온 『구텐베르크 성서』보다 78년이나 빠른 금속활자본임을 증명한 사람이다. 그는 "처음부터 이건 우리 불경이고, 나아가 금속활자본이 맞다고 확신했다."고 말했다.

물론 신문사가 임의로 제목을 붙일 수 있지만, '직지심경'이란 말이 기사에 계속해서 등장하는 것은 박병선 여사가 『직지』와 '직지심경'을 별다른 문제의식 없이 혼용하고 있는 것은 아닌가 하는 생각을 자아냈다. 게다가 기사에는 박병선 여사가 아직도 '직지'를 불경의 일종으로 생각하고 있는 듯한 발언까지 수록되어 있었다.

의심은 점점 깊어지고 있었다. 그렇다면 박병선 여사는 왜 책 표지에 적힌 『직지』라는 제목을 쓰지 않고, 굳이 '직지심경'이라는 제목을 붙였을까? 이 문제를 해결하기 위해서는 신문 기자와의 인터뷰 수준을 넘어 좀 더 학술적 관점에서 진행된 논문이나 학자와의 대담 자료가 필요했다. 여기저기를 검색하다가 서울대 안지원 박사가 직접 진행한 인터뷰를 찾아냈다.

여기서 박병선 여사는 『직지』가 '직지심경'이라고 불린 이유에 대해 다음과 같이 진술하고 있다.

『직지』의 실물 사진 박병선 여사는 이 글귀를 보고 『직지』를 '직지심경'이라고 불렀다고 한다. 하지만 쪽지가 아니라 묵서로 쓰인 점은 의아하다.(사진 출처 : 프랑스 국립도서관)

당시 그것이 왜 '직지심경'이냐. '직지'만 쓰던지 '직지심체요절'로 다 쓰든지 해야지 '직지심경'은 말이 안 된다는 공격을 받았는데, 그건 내가 지어 낸 것이 아니라 '직지심체요절'이라고 로마자로 다 쓰자니 너무 길어져서 간단하게 할 수 없을까 궁리하던 중에 책 밑을 보니까 '직지심경'이라고 적힌 작은 쪽지가 있길래 잘 됐다 했지요. 백운화상과 제자들이 불교에 관련된 말을 주고받은 거니까 경經자를 써도 나쁘지 않을 것이라고 생각했고요.

— 「박병선 – 프랑스 소재 『직지심경』, 외규장각 도서 발굴기」,

『역사비평』 봄호(통권 66호), 2004, 243~344쪽.

사실 확인을 위해 나는 프랑스 국립도서관에 보관된 『직지』의 실물 사진을 조사해 보았다. 프랑스 국립도서관은 유네스코 세계 기록 문화유산으로 등록된 『직지』의 사진을 디지털로 제공하고 있었다. 과연 책 밑에 '직지심경'이란 글자가 선명히 보였다. 책을 배접하면서 후대에 누군가가 묵서墨書로 써 넣은 것이었다. 로마자 표기로 『직지심체요절』이라고 표기하면 너무 길어진다는 박병선 여사의 고민이 이해는 가지만, 왜 책 표지에 적힌 『직지』라는 제목을 취하지 않고 '직지심경'이라는 단어를 선택했는가에 대한 의구심은 여전히 남는다. 아마도 그 이유는 다음의 진술에서 해결될 듯하다.

> 나는 백운화상의 배경이나 자세한 내용을 모르고 『직지』의 내용에도 관심이 없었습니다. (…중략…) 프랑스 국립도서관에서 근무하고 있는 사서 하나가 귀국할 때 가져와서 한국 서지학자들에게 보여 주었고, 한국 서지학자들이 고증한바 금속활자라는 결론을 내렸다는 겁니다. 나는 완전히 심부름꾼이 된 거지요. 정말 어처구니가 없더라고요.
>
> ― 위의 인터뷰, 248쪽

'직지'라고 부르다

2001년 8월 『직지』의 본고장인 충북 청주시는 『직지』가 최근 유네스코 세계 기록 문화유산으로 지정됨에 따라 국사 및 여타 국가의 역사 교과서에 '직지심경'이라고 표기된 관련 내용을 바로잡아 달라고 국사편찬위에 요청했다.(「청주시 '직지 바로세우기'… 세계유산 지정 따라」, 『동아일보』, 2001.8.13.) 그리고 국사편찬위가 이를 받아들여, '직지심경'이란 용어는 국사 교과서에서 사라지게 되었다. 그러나 교과서의 수정 이후에도 수많은 서적과 언론이 현재까지도 계속해서 혼용하고 있다. 청주고인쇄박물관은 이를 바로잡고자 홈페이지를 통해 일반인들에게 '직지심경'이라는 용어가 오류임을 계속해서 홍보하고 있다.

> 이 책의 이름을 줄여서 『불조직지심체요절』, 『직지심체요절』, 『직지심
> 체』, 『직지』 등으로 부르기도 한다. 1972년 프랑스 국립도서관에서 주최
> 한 '책' 전시회에 '직지심경'이라고 소개되면서 한때 잘못 불리기도 하였
> 다. 불교에서 '경經'은 불교 경전을 뜻하는 것이다. 이 책은 엄밀한 의미에
> 서 불경이 아니므로 '직지심경'은 잘못된 표현이다. 여기에서는 판심제版
> 心題에 나타나는 가장 간략한 책의 이름으로 '직지'라고 부른다.
> — 청주고인쇄박물관 사이트에서

학계를 비롯한 많은 사람들의 노력으로 '직지심경'은 점차 '직지'라
는 용어로 통일되어 가는 듯하다. 그러나 최근까지도 국사학계가 '직
지심경'이라는 용어에 대한 잘못을 수정하지 않았던 것은 진정 풀리
지 않는 의문으로 남는다. 중고등학교 시절 현존하는 세계 최고의 금
속활자본 '직지심경'은 우리 민족이 만든 자랑이라고 배웠던 것이 떠
오른다. 국사 시험 문제마다 빠뜨리지 않고 출제되었던 '직지심경'에
대한 기억은 이제 씁쓸하기만 하다. 『직지』를 둘러싼 해프닝은 우리에
게 심각하게 묻는다.

"그동안 우리는 왜 이렇게 정교하지 않았던 것일까?"

"우리에게 문화재는 관광 상품이거나 국사 교과서에서 외워야 할
지식에 불과했던가!"

대마도 불상은 제자리로 가야 한다

불교란 기본적으로 무소유를 표방한다. 세상의 모든 것이란 인연에 의해 잠시 머무르는 것일 뿐 종국적으로 내 것이란 없다는 취지이다. 하긴 나라는 생각이 근본을 둔 육체 역시 100년도 안 되는 세월을 견디다 무너지는 것일 뿐인데, 한 인간이 취득한 재물이야 말할 것도 없으리라.

부처님이 인간 세상에 오셔서 설파한 핵심은 모든 것은 인연의 취합이므로 영원한 것도 없고, 나라고 집착할 것도 없다는 것이다. 이른바 제행무상諸行無常(모든 것은 무상하다.)과 제법무아諸法無我(모든 것에 나라고 집착할 것이 없다.)라는 것이다.

2013년 매우 희한한 사건이 하나 발생했다. 무소유를 설법하신 부처님을 놓고 한일 간에 서로 자신들의 부처님이라고 싸우기 시작한 것이다. 사건은 일본 대마도에서 한국인 절도단이 불상을 훔쳐서 한국으로 반입하다가 경찰에 적발되면서 시작했다. 검찰은 절도단을 체포구속하고 불상을 형사 사건의 증거물로 압수했다. 그런데 검찰이 압수한 두 구의 불상의 처리문제를 둘러싸고 한일 간에 국민여론이

일본 대마도에서 도난당한 두 구의 불상
(「일본서 보관 중이던 동조여래입상과 관세음보살좌상」, 『연합뉴스』, 2013.1.29.)

들끓으면서 소유권 분쟁이 일어났다. 일본 측은 한국인 절도단이 훔쳐 간 장물이므로 당연히 한국 국내법과 국제법에 따라 도난 피해자인 일본으로 반환해 달라고 했다.

한국 측은 원래 한국에서 제작된 문화재이고 언제인지 모르지만 왜구에 의해 약탈된 문화재이므로 돌려줄 수 없다는 주장이었다. 두 구의 불상 중 특히 일본 관음사에서 도난당한 관음보살좌상을 둘러싸고 더욱 논란이 격화되었다. 관음보살좌상의 원 소장처가 서산 부석사라는 점이 확인되었으므로 서산 부석사와 그 신도들을 중심으로 반환 불가의 소리가 더욱 높아 질 수밖에 없었다. 법원 역시 대마도의 관음사가 원 소장처인 부석사로부터 관음보살 좌상을 정상적으로 취득했는지를 살펴 볼 필요가 있다는 취지에서 3년간 처분 금지 가처분

신청을 받아들였다. 그러자 일본 측에서는 한국 법원이 반일감정에 기반을 두고 도둑들을 비호, 엄연한 장물을 돌려주지 않는다고 격앙된 발언들을 쏟아냈다. 심지어 일본 관방장관이 수차례나 한국 정부를 상대로 빨리 불상을 돌려달라고 압박을 가하는가 하면, 일본 문부장관이 유진룡 문체부장관과의 면담에서 이 문제를 거론하기도 했다.

양측의 주장이 다 자국의 국내법과 논리적 근거를 가지고 있고, 워낙 국민들의 시선이 집중된 사건이라 뭐라 딱 잘라서 말하기 어려운 상황에 처해 버리고 말았다. 일본 정권의 우경화, 야스쿠니 신사 참배 등으로 꼬여가는 한일관계가 부처님의 등장으로 더욱 어려워지고만 셈이다. 나는 이번 대마도 불상을 두고 펼쳐진 분쟁을 보면서, 부처님의 출현에 무슨 큰 뜻이 있지 않을까 하고 생각해 보았다. 한일 간 양쪽 모두 양보하기는 어려운 상황이겠지만, '화합'과 '자비'를 기초로 이 문제를 해결할 수 있는 방법은 없는 것일까?

대마도에서 도난당한 불상 중 서산 부석사가 원 소장자로 밝혀진 관음보살좌상 외에 원 소장처가 밝혀지지 않은 동조여래입상이란 부

대마도 불상의 반환을 청구하는 일본 내부의 움직임
(『나가사키 신문』, 2013.6.29.)

처님이 한 분 더 계시다. 이 불상은 해신신사가 소장해 왔던 신라시대
의 불상으로 추정되는데, 서산 부석사처럼 가처분이 받아들여지지도
않았고 소장자를 주장하는 사람도 아직 나타나지 않고 있다.

　마침 지난 1월 대법원은 대마도 불상사건으로 구속된 절도단에게
최종적으로 유죄를 확정했다. 우리나라의 형사소송법은 도난사건의
피해자가 도난품의 환부를 요청하면 3개월 안에 물건을 환부하도록
규정하고 있다. 문화재청도 두 구의 불상중 관음보살좌상에 대해서는
가처분 신청을 존중하겠지만, 동조여래입상은 사건이 종결된 만큼 형

사소송법에 의해 3개월 안에 환부여부를 결정해야하는 시점에 다다른 것으로 보인다.

서양에서도 유명한 솔로몬의 재판에 대해 생각해 본다. 서로 자기의 아이라고 주장하는 두 명의 어머니에게 솔로몬은 아이를 반 토막 내서 가져가라는 판결을 내놓는다. 그러자 아이의 진짜 어머니가 아이가 죽을까봐 울면서 아이를 포기했다는 이야기가 가슴을 울린다. 그런 취지에서 나는 우선 두 개의 불상 중 동조여래입상을 일본으로 환부하는 것이 어떨까 하는 생각을 해 본다.

부처님은 제자들에게 언제나 '불투도不偸盗(도둑질하지 말라)'라는 계율을 가르쳐 왔다. 이는 남의 물건을 빼앗지 말고, 나아가 도둑질한 물건을 취득하지도 말라는 뜻이다. 부처님을 한일 간에 서로 내 것이라고 싸우는 모습이 그런 취지에서 여간 불경해 보이지 않는다. 만약 우리가 우선적으로 동조여래입상을 반환하는 결정을 내릴 수 있다면, 그것이 결국은 '양심과 진실에 근본을 둔 한일관계'를 위한 초석이 될 것이라고 여긴다. 원한과

| 해신신사의 모습 |

갈등의 한일관계에서 '화해와 자비'의 새 시대를 열기 위한 한바탕의 꿈. 그것이 혹시 이 시대 부처님이 출현하신 이유는 아닐까 곰곰이 생각해 본다.

2014년 1월 20일자 『아사히 신문』 동조여래입상의 일본 반환을 촉구하는 행정소송이 시작되었다는 사실을 보도하고 있다.

대마도 불상은 제자리로 가야 한다

비산비야非山非野에서
비승비속非僧非俗으로 살고 싶다

나는 어쩌다가 문화재제자리찾기를 시작하게 되었던 것일까? 아무리 생각해 봐도 아마도 운명이었던 듯싶다. 1998년의 어느 날, 우연히 은사 스님을 모시고 찾아간 비구니 D 스님의 개인 차실에서 사건은 시작되었다. D 스님은 단정히 꾸며진 차실에서 아이들이 부르는 동요를 틀어놓고 있었다. 정갈하게 우려낸 녹차에 매화꽃을 얹어 차를 우려내더니 맑은 미소로 내게도 한잔을 권했다.

"아이들 목소리처럼 맑은 게 녹차의 맛이고 참선의 맛이겠지요."

단아한 차향이 코끝에 감도는 가운데 정신이 맑게 깨어나는 맛이었다. 그때 무심결에 벽에 걸린 탱화가 내 눈에 들어 왔다. 건륭 57년(1792) 그려진 오래된 저승사자 탱화였다. 동요를 틀어 놓고 녹차를 마시는 비구니 스님이 칼 찬 저승사자 탱화를 걸어 놓고 사는 게 의아하기도 하고, 저렇게 오랜 탱화를 비구니가 어떻게 구해서 소장하고 있을까 하는 생각에 슬쩍 물어 보았다.

"탱화가 아주 오래된 것이네요. 보기 힘든 것 같습니다."
"누가 주었습니다. 한 10년 지나면 보물이 될 거라며 잘 보관하라

흥국사 사자 탱화 남양주 수락산 흥국사에서 부당하게 유출되었던 탱화 2점. 2004년 5월 환수되어 봉선사에 보관 중이다. 흥국사 지장전에 걸려 있던 탱화로 염라대왕의 명령을 받고 악행을 저지른 사람을 지옥으로 잡아가기 위해 인간세계로 내려오는 지옥사자의 모습을 그린 그림이다.

고 하더군요."

그런 대화를 끝으로 그 일은 별 다른 기억이 나지 않는다. 운명이 아니었다면 그냥 머릿속에 잊히고 말았을 그런 일상의 나날 중에 하나에 지나지 않았을 것이다.

2004년, 은사 스님이 봉선사 주지로 부임하신 뒤 나는 본말사本末寺의 재산과 문화재 관련 사항을 조사·정리하게 되었다. 그 과정에서 남양주 흥국사를 방문해서 흥국사 소장 주요 문화재를 살펴보다가 이상한 장면을 보게 되었다.

1998년 D 스님의 차실에서 보았던 저승사자 탱화와 똑같은 탱화가 홍국사 지장전에 걸려 있던 것이었다. 6년이 지난 그 시점까지 어떻게 그 그림을 기억하고 있었는지 지금의 나로서도 잘 알지 못하겠다. 내 머릿속에는 비단 그림뿐만 아니라 그림 밑에 적혀 있던 건륭 97년이란 화기畵記와 거기 적힌 이름까지도 남아 있었다. 홍국사 지장전에 걸려 있는 다른 진품 탱화들은 비구니 D가 소장했던 사자 탱화와 동일한 연도와 사람들에 의해 그려진 것이었다. 그 순간 나는 D 스님의 탱화가 홍국사에서 부당한 방법으로 유출되었다는 것을 직감적으로 알 수 있었다.

나는 즉각 홍국사 탱화가 부당한 방법에 의해 외부 유출되었다고 판단, 이를 외부로 빼돌린 것으로 추정되는 전직 홍국사 주지를 조사하고 D 스님의 개인 차실에 있던 탱화를 회수해야 한다고 보고했다. 그러나 문제는 간단하지 않았다. 홍국사 탱화를 외부로 유출한 것으로 의심되는 전직 홍국사 주지는 봉선사 주지를 역임한 봉선사 문중의 원로였다. 사건을 확대하지 말고 당분간 모른척하는 것이 좋겠다고 하는 의견이 은연중에 대세로 확정되고 있었다.

다른 소임자들의 반대로 사건을 해결할 방안이 공론으로 모아지지 않자, 나는 전격 직접 비구니 스님 사찰로 찾아가 탱화 2점을 압수해서 봉선사로 가지고 돌아왔다. 2004년 5월 6일의 일이었다.

탱화를 회수해 오면 나는 사건이 명백하게 해결될 줄 알았다. 그러나 사건은 오히려 복잡하게 꼬여 버렸다. 문중 어른의 약점을 캐내 까발린 하극상 사건으로 규정하는 사람들이 나타나기 시작했고, 급기야 논란이 벌어져 봉선사의 내방에 못질이 가해지는 사건으로까지 확대되어 버렸다. 나로서는 도둑맞은 탱화를 찾아 온 사건이 하극상 사건으로 비화되는 과정에서 어안이 벙벙해져 버릴 지경이었다. 정의를 실현한다는 것은 오히려 많은 사람에게 고통을 주는 것이었을까? 여러 가지 생각이 복잡하게 머릿속을 어지럽히는 가운데 나는 훌쩍 일본으로 도망가 버렸다. 세간이나 출세간이나 얼크러진 정치권력과 흙바람 날리는 이해관계가 싫어졌기 때문이었다. 흡사 망명객의 심정으로 떠돌이 땡중이 되어 찾아간 곳이 일본 교토였다. 거기서 운명은 나로 하여금 『조선왕조실록 오대산 사고본』이 도쿄대학에 소장되었다는 사실을 알게 해 주었다. 그리고 귀국 후 다시 봉선사로 돌아와 조선왕조실록 환수운동을 시작하게 된 것, 그것이 사실은 아무에게도 말하지 않았던 문화재제자리찾기 운동의 출발점이었다.

세상은 누군가의 의협심이나 부르짖음만으로 변하지 않는다. 세상이 변한다는 것은 거대한 구조가 하루아침에 변하는 것이 아니라, 하나하나의 구체적인 사실들이 변해가는 것이라고 나는 생각한다. 흥국사 탱화 사건 이후 나는 많은 교훈을 얻었고, 그 교훈을 토대로 10년간 구체적인 하나하나의 목표를 세우고 그를 실천하려고 노력해 왔다. 나의 목표는 50개의 구체적인 사실들을 바꾸는 것이었다. 내가 잘못되었다고 생각하는 사실을 고치기 위해 한발 한발 나는 냉정하게 과업을 수행해 왔다. 그 결과 2013년 하반기까지 나는 50개의 과업을 모두 완수할 수 있었다.(『조선왕조실록』, 『조선왕실의궤』, 문정왕후 어보, 대한제국 국새 등 4건 1,300점의 문화재 반환을 비롯해 친일파 재산환수법의 통과, 일본식 조경 철거 등)

사실 나는 50개의 과업을 성취하고 나면 승려도 아니고 속인도 아닌 비승비속非僧非俗으로 산도 들도 아닌 비산비야非山非野에서 살고 싶다고 입버릇처럼 말하곤 했다. 그런 정황이 알려지면서 2014년 2월 여러 언론들을 통해 조계종 승려를 그만 두고 탈종한다는 보도까지 나가는 쑥스러운 상황이 연출되기도 했다. 나는 긍정도 부정도 하지 않았지만 그냥 그렇게 조용히 사라지려는 마음만은 진실이었다.

그러던 와중에 무슨 인연인지 흥국사 탱화 사건이 나로 하여금 다시 세상에 또 다시 파란을 만들게 했다. 흥국사 탱화 도난 사건 당시 유력한 용의자였던 흥국사 전직 주지 I 스님이 2015년 2월 조계종 종립학교 이사장으로 선출되었는데, 선출 과정을 둘러싸고 여러 가지 잡음이 있었던 듯하다. 그러다 보니 자연히 흥국사 탱화 도난 사건이 회자되었고, 결국은 사실 관계에 대한 해명을 사건의 당사자였던 나에게 요구하는 상황이 벌어지게 되었다. 난처한 심경을 들어 여러 번 거절했으나 여러 가지 상황이 침묵하고 있기만은 어려웠다. 개인적인 입장에서도 결국 문화재제자리찾기를 시작하게 된 첫 번째 인연이 흥국사 탱화였으니 마지막 마무리도 내가 해야 하는 것이 맞는 듯해서 결국 여러 매체를 통해 사실관계를 털어 놓게 되었다.

흥국사 탱화 사건이 다시 언급되면서 절에 사는 것이 불편해진 나는 오랫동안 정들었던 봉선사로부터 짐을 싸서 나왔다. 자연스레 비승비속의 꿈이 이루어진 셈이었다. 이 또한 불보살의 뜻이요, 인연의 소치가 아니었을까 싶다.

한 가지 아쉬운 점은 2004년도 흥국사 탱화를 봉선사로 찾아온 뒤, 아직까지 흥국사로 돌려주지 못한 것이다. 절집안 내부에서 발생한 도난 사건이 밖으로 공개되는 것을 꺼리는 사람들이 조용히 일을 처리하는 게 좋겠다고 하여 아직도 제자리로 못가는 신세로 방치되고 있는 셈이다. 뒤늦었지만 봉선사 스님들께서 흥국사 지장전으로 이

탱화를 보내주시는 것이 자연스러운 흐름이 아닐까 생각한다. 그러고 보면, 흥국사 탱화가 자신의 제자리로 돌아가기 위해 나를 부르고 있었던 것이 '지난 10년 세월이 아닌가' 하는 묘한 생각에 잠기곤 한다. 어쨌건 한바탕의 꿈이었던 듯하다.

아마도 이 글이 내가 봉선사 승려로서 쓰는 마지막 글인 듯싶다. 세상의 인연이란 어디로 흐를지 알 수가 없다. 그러나 작은 옹달샘이라 할지라도 결국은 바다로 흘러가듯이 우리의 인연들도 결국은 화엄의 바다에서 함께 만날 것이라고 믿는다. 언제까지나 영원히 살 집은 없다는 것이 불교의 가르침이지만, 막상 얼떨결에 봉선사에서 나오니 어색한 것이 사실이다. 그러나 이 또한 흥국사 탱화가 열어준 새로운 인연이라고 생각하니, 재밌는 호기심이 발동한다. 마침 찾아온 계절도 꽃피는 춘삼월이라 기분이 마냥 좋기만 하다.

언젠가 노스님께서 들려준 말씀이 떠오른다.

"말법시대가 되면 진짜 중은 저자거리로 하산하고, 가짜 중만 산중에 남는다고 하더라."

이거 저 같은 사람 두고 한 말씀이신가요? 하면 예끼 하고 꾸짖으시려나?

2015년 3월 24일 광화문 언저리에서
혜문 합장

부록 : 청소년을 위한 개념 정리

─── ㉠ ─────────────────

가량 아름답다.

감개무량 그지없도록 마음속 깊이 스며들어 느낌을 뜻한다.

경술국치 1910년(경술년) 8월 29일, 우리나라가 일본에게 역사상 처음으로 국권을 빼앗긴 사건.

고려청자 고려시대의 대표적인 도자기. 철분이 조금 섞인 흙으로 그릇을 빚은 후 철분이 섞인 유약을 발라 구워내어 유약 속의 철분이 청록색으로 변하였기 때문에 청자라고 한다.

고증 옛 기록을 살펴 증거를 찾음.

국무부 미국에서 우리나의 외교부와 같은 역할을 하는 곳.

국민감사(청구제도) 공공기관의 사무처리에 대해 일반국민이 감사원에 감사를 요청할 수 있는 제도.

국새 대외적으로 국가 권위의 상징으로 국가적 문서에 사용하던 도장.

궁내청 일본 황실에 관계된 사무나 일본 천황의 국사 행위 중 외국 특명전권대사의 접수나 의례에 관한 사무 및 옥새와 국새의 보관을 관장하는 일본 내각부에 소속된 일본의 행정기관.

귀도, 참도 명나라의 황제가 정유재란에 참전한 명의 진린 제독의 전승보고를 받고 이순신 장군에게 하사한 것으로 알려져 있다. 귀신 모양의 손잡이를 가진 귀도가 수군 도독으로서의 지위를 상징하는 칼이라면, 보다 실전적인 모습을 한 참도는 군령의 엄정함을 의미한다.

규장각   정조 즉위년(1776)에 설치한 왕실 도서관으로, 현재 서울대로 이관되었다.

금송   겉씨식물 구과목 낙우송과의 상록침엽 교목. 일본을 상징하는 나무로 일제강점기
        때 우리나라로 유입되었다.

기마 유목 문화 말을 타고 다니며 물이나 목초지를 찾아 가축을 이끌고 이동생활을 되풀이하
        는 생활문화.

낭보   기쁜 기별이나 소식을 전할 때 쓰는 말이며, 비슷한 단어로 희보, 희소식 등이 있다.

녹진綠塵   물건에 푸른색으로 낀 티끌, 때 등.

눈앞에 현현顯現   눈앞에 명백하게 나타나거나 드러남.

다보불   과거의 부처님(미륵불과 대비).

대동야승大東野乘   조선시대의 다양한 이야기들(야사·일화·수필)을 모아 놓은 책으로, 한
        사람이 쓴 것이 아니라 여러 사람이 지음.

대속   예수 그리스도가 십자가에 매달려 죽음으로써 만민의 죄를 대신 속죄하였음을 의
        미하는 신학 용어.

둔황   중국 간쑤성에 있는 도시. 서역에서 중국으로 들어오는 실크로드의 관문이라 할
        수 있으며, 석굴로 유명하다.

동산 인도 청구의 소 물건이 불법적으로 유출되었을 때 정당한 소유자가 그것을 원래대로 할
        것을 요구하는 소송.

막도장   잡다한 일에 두루 쓰는 도장.

명문   새겨놓은 글.

묵서   먹물로 쓴 글씨.

문부성   일본에서 있는 기구로서, 교육, 학예, 종교 등을 다루는 곳.

문정왕후   조선 제11대 왕 중종의 계비繼妃. 아들 명종 즉위 후 약 9년간 수렴청정을 했다.

미 군정청   1945년 9월부터 1948년 8월 15일까지 있었던 남한 통치를 위한 미국의 군사

        통치기관.

밀반출   '물건 따위를 몰래 내감'이란 뜻으로 불법적으로 문화재를 몰래 다른 나라로 훔쳐

        감.

ㅂ ━━━━━━━━━━

반향   어떤 사건이나 발표 따위가 세상에 영향을 미치어 일어나는 반응.

반환   ① 빌리거나 차지했던 것을 되돌려 줌. ② 왔던 길을 되돌아감.

발족   어떤 조직체가 새로 만들어져서 시작됨. 또는 그렇게 일을 시작함.

배접   종이, 헝겊 또는 얇은 널조각 따위를 여러 겹 포개어 붙임.

백범기념관   김구 선생의 유업을 계승하고 추모하기 위해 설립된 기념관으로, 효창공원 내에

        위치하고 있다.

백운화상   고려 말의 승려. 공민왕의 부름으로 신광사 주지를 지냈으며 노국공주의 원당의

        주지가 되었다.

백제 송산리 고분군   백제가 웅진을 수도로 삼았던 시대의 왕과 왕족들의 무덤들이 무령왕릉을

        포함하여 7개가 모여 있는 장소.

법화경	대승불교의 경전중 하나.
병부상서	문종 때 세워진 병부(군사에 관한 일을 맡아본 관청)의 우두머리(오늘날의 장관).
보살상	불상 분류의 한 명칭으로 대승 불교의 특징을 도상화한 상.
봉안	신주 등을 받들어 모시다.
부장품	무덤 안에 시체를 안치할 때 함께 넣어 매장하는 물품.
불조직지심체요절	고려 공민왕 때 부처와 조사의 게송 법어 등에서 선의 요체를 깨닫는 데 필요한 내용을 뽑아 엮은 책.

삼각 세공	삼각형 모양의 구멍을 뚫어 모양을 내는 것.
상감진사象嵌辰砂	도자기가 마르지 않은 상태에서 문양을 새겨 넣고 그 부분에 진사(수은과 유황 등의 화합물인 진홍색 광석)를 메꾸고 초벌구이를 한 후 유약을 발라 재벌구이를 하는 방식.
샤머니즘	초자연적 존재와 직접적으로 소통하는 샤먼(종교적 능력자를 의미)을 중심으로 하는 주술이나 종교(무속신앙).
서천국	신화 속의 나라로 천태산 너머 명진국 남서쪽에 위치한, 서천 서역과 맞닿아 있는 머나먼 이역의 땅. 바다를 끼고 있는 평화로운 나라로서 화려하고 풍요로운 느낌을 자아내는 곳.
석가여래	석가모니.
선각자	다른 사람보다 먼저 깨달은 사람.
선문염송	고려의 승려 혜심이 불조들의 염송 등을 모은 것을 후에 엮어 낸 책.
선의 취득	제3자가 거래를 할 때 권리의 외관을 보고 거래를 할 경우 전 주인이 그 물건에 대

한 권리가 없더라도 그 물건에 대한 소유권을 인정해주는 제도.

선지宣旨   임금의 명령을 받아 널리 퍼트림.

성명서   정치적·사회적 단체나 그 책임자가 일정한 사항에 대한 방침이나 의견을 나타내는 글이나 문서.

세속적 출세주의자   우리가 살고 있는 일반적 사회에서 출세를 최고로 생각하는 사람들.

소회   마음속에 품고 있는 꿈.

수기   자신의 경험을 전달하기 위해 쓰는 글.

수장고   귀중한 것을 고이 간직하는 창고.

슈퍼바이저Supervisor   어떤 일이나 분야에서 감독을 맡고 있는 사람. 우리나라 말로 감독관.

시료   시험, 검사, 분석 따위에 쓰는 물질(자료)이나 생물.

신탁통치   국제연합(UN)의 감독 아래 그 신탁을 받은 국가(주로 연합국)가 행하는 통치. 한국은 모스크바 삼상회의(1945년 12월 소련의 수도 모스크바에서 미국·영국·소련 3국이 한국 문제를 비롯한 제2차 세계대전 이후 세계 여러 지역의 문제점에 대하여 협의한 회의)의 결의로 광복 직후 5년 동안 신탁통치가 협의되었지만 한국인의 반탁운동(신탁통치를 반대하는 운동)으로 이루어지지 않았다.

예서隷書   한자漢子 글자 모양의 한 가지.

오구라 다케노스케   대구전기회사의 설립자이자 다양한 한국의 문화재를 약탈해간 인물 (1896~1964).

오구라 컬렉션   일제강점기 오구라 다케노스케가 수집한 우리나라의 문화재. 80년대 초 오구라가 사망하자 그의 아들 야스유키가 오구라 컬렉션을 일본 도쿄국립박물관에 기증함으로써 현재는 일본 도쿄국립박물관에서 소장.

5·16 군사 쿠테타 박정희 중심의 군부 세력이 사회 혼란과 정부의 무능을 핑계로 1961년 5

월 16일 군사력을 동원하여 권력을 장악한 사건.

오쿠라 기하치로 대성건설의 설립자이자 다양한 한국의 문화재를 약탈해간 인물.

오쿠라 슈코칸 오쿠라 기하치로가 자신의 컬렉션을 전시하기 위해 만든 전시관.

외무성 일본의 중앙 행정 기관인 성(省)의 하나. 외교 정책, 통상 항해, 경제 협력, 조약

체결 따위의 대외 행정 사무를 맡아봄.

요정 여러 가지 요리를 만들어 술과 함께 파는 것을 영업으로 하는 집.

원산국 출신나라.

월인천강 달은 하나이나 달빛이 수만 개의 강에 골고루 비치는 것.

유구 옛 건물이 존재했음을 알 수 있는 자취

유묵 생전에 남긴 글씨나 그림. 안중근 의사 유묵은 1910년 3월 안중근이 만주 여순

감옥에서 쓴 글씨를 뜻한다.

유신 정권 1972년 10월 박정희가 전국에 비상계엄(국가의 위기상황 시 군사력을 이용하여

사회의 질서를 바로잡기 위함)을 선포하고 수립한 공화국. 유신은 '새로 고친다.'

는 뜻이며, 당시 권력유지를 위해 국가의 정상적 기능을 중단시키고 유신헌법을

제정하여 독재체제를 구축하였다.

유진 샤우만 핀란드의 독립주의자. 핀란드를 가혹하게 다스리던 러시아의 총독을 암살하고 바

로 자결하였다. 그가 남긴 편지는 러시아의 문제점을 지적하고 러시아의 황제에

게 행동을 취할 것을 당부하고 있다. 현재 핀란드에서 영웅으로 추대 받고 있다.

6·29 선언 당시 민주정의당 대표였던 노태우가 대통령 간선제를 직선제로 개헌한 사건.

육조거리 조선시대의 주작대로. 명칭은 이 길의 좌우에 육조 관아가 배치되어 있던 데서 유

래되었다. 오늘날 종로구 세종로.

육조 혜능 스님 달마 스님의 6대손으로, 6조혜능으로 불린다. 한국불교의 정통을 이은 조계종

        이 여기서 연유한다.

은입사 금속 그릇에 은실을 이용해 문양을 새기는 방법.

이조실록고략 일제강점기 당시 일제가 조선왕조실록을 '이조실록(李朝實錄)'이라 했으나, 이

        것은 '조선'이라는 국호를 무시하고 붙인 명칭으로 옳지 않다.

이중섭 우리나라의 서양화가. 일본에서 이시이 하쿠테를 비롯한 다양한 화가들에게 미

        술을 배웠고 광복 후 고향인 북한으로 돌아왔다. 6·25 전쟁 때 월남한 후 가

        난 속에서 삶을 이어가다 세상을 떠났다. 유명한 작품으로 〈흰 소〉 등이 있

        다.(1916.4.10~1956.9.6)

이화문양 자두나무의 꽃문양.

일본 중의원 국회의원과 비슷한 의미.

일소 모조리 지워지다.

        (ㅈ) ────────────

전도 원래 목적과 뒤바뀜.

정수 뛰어나다.

조불련 조선불교도연맹의 준말, 북한의 불교단체.

조선고적도보 일제강점기 때 일본인들이 만든 한국의 고적 도판을 모은 책.

조선왕실 어보 조선시대 왕과 왕비, 세자와 세자빈 등 왕가의 권위를 상징하는 도장.

조선왕조실록 국보 제151호. 유네스코 세계기록유산 지정(1997). 조선 태조부터 철종에 이르기

        까지 약 470여 년간의 역사적 사실을 기록한 책.

종묘 조선시대 역대 왕과 왕비를 모셔 두고 국가적인 제사를 지내는 곳.

좌대	받침대.
주작대로	동양에서 도읍을 정하고 도시를 건설할 때 만드는 가장 기본이 되는 축. 궁궐의 남문에서 남쪽으로 곧바르게 낸 길.
지공화상	인도의 스님으로 고려 땅에 들어와 불법을 펼치고 회암사를 창건.
지장보살본원경地裝菩薩本願經	불교 지장신앙(불교에서 지장보살을 믿는 신앙)의 기본 경전으로, 『지장경』이라 약칭. 부모나 조상들을 지옥에서 벗어나 극락에 가도록 하는 공덕이 열거되어 있다.
직무유기	공무원이 정당한 이유 없이 직무를 거부하거나 유기함으로써 성립하는 범죄.
질책帳冊	책의 권수나 차례를 정리한 것.
참선	자신이 본래 갖추고 있는 부처의 성품을 간파하기 위해 앉아서 몰입하여 수행함.
천산만락	천 개의 산과 만 개의 부락.
천언만어	수없이 많은 말.
치문경훈	승려들이 공부하는 데 교훈으로 삼을 만한 고승들의 글을 모아 엮은 책.
침노	남의 나라를 불법으로 쳐들어가거나 쳐들어옴.

Ⓔ ————————————

투루판	중국 신장 위구르 자치구 동쪽에 있는 도시. 또는 이 도시를 중심으로 한 분지를 투르판이라 부른다.

Ⓟ ————————————

파란	광물을 원료로 만든 잿물로 도자기의 유약과 비슷한 개념.

파별	갈래를 나누어 가르지 않음. 여기서는 차별을 의미함.
판심제	판심에 표시된 책의 이름.
편저	책을 엮어 지음. 편집하여 저술함.
피탈	억지로 빼앗김.

ㅎ ─────────────────

하대연부	받침대의 아래쪽 가장자리 부분.
학예사	학예연구사의 줄인말로, 박물관이나 미술관에서 관람객들을 위하여 전시회를 기획·개최하고, 작품 또는 유물을 구입·수집·관리하는 사람.
한적漢籍	한자(漢子)로 적혀있는 오래된 책자.
향원정	서울특별시 종로구 세종로 경복궁에 있는 조선 후기의 정자. 원래는 연못과 정자를 연결하는 다리가 북쪽에 있었지만 6·25 전쟁 때 파괴되었고 지금은 남쪽에 새로운 다리가 만들어졌다. 향원정의 북쪽에 명성황후가 거주하고 시해된 건청궁이 자리잡고 있다.
호조태환권	1893년에 발행된 우리나라 최초의 근대식 화폐. 옛날 화폐를 새로운 화폐로 교환해 회수하려는 목적으로 발행.
홍례문	서울특별시 종로구 세종로의 경복궁에 있는 3개의 문 가운데 중문. 곧 경복궁 내 광화문과 영제교 금천교 사이에 있는 문.
환지본처	본래의 자리로 돌아가거나 또는 돌아온다.
활인검活人劍	'사람의 목숨을 구하여 살리는 칼'이라는 뜻으로, 사람을 살상하는 데에 쓰는 칼이나 검도 잘 쓰면 오히려 사람을 살리는 도구가 될 수 있음을 이르는 말.
황제지보	고종이 대한제국을 선포한 후 만든 국새.

| 휘호 | '붓을 휘두른다'는 뜻으로 글씨를 쓰거나 그림을 그리는 것을 이르는 말. |

지은이 **혜문慧門**

성균관대학교 사학과 졸업, 동대학원 국어국문학 석사

1998년 봉선사에서 철안 스님을 은사로 출가
2006년 도쿄대학교 소장 『조선왕조실록』 47책 환수
2011년 일본 궁내청(이른바 천황궁) 소장 『조선왕실의궤』 1,205책 환수
2013년 LA 카운티 박물관 소장 문정왕후 어보 반환 결정
2014년 한미 정상회담 시 오바마 대통령이 직접 대한제국 국새 포함 조선왕실인장 9점을
        반환하게 이끔

2006년부터 문화재제자리찾기 대표로서 해외에 반출된 문화재 환수운동을 실천하고 있으며
2015년 2월 하산하여 비승비속非僧非俗으로 살고 있다.

수상내역 2014년 대한민국 협상대상
         2013년 다산대상 문화예술 부문
         2012년 국민훈장 목련장
         2011년 KBS 감동대상 아이러브코리아상

저서   『조선을 죽이다』
        『의궤(되찾은 조선의 보물)』
        『How are you 이순신』
        『우리 궁궐의 비밀』

빼앗긴 문화재를 말하다

지은이 혜문

개정판 1쇄 발행 2015년 5월 17일
개정판 3쇄 발행 2019년 5월 27일

펴낸이   구진영
편집   성영란
펴낸곳   금강초롱
등록   제382-2015-000002호
주소   경기도 의정부시 의정로32번길 6-24
전화   070-7773-1916
팩스   02-6442-1645
홈페이지   www.caro.or.kr
전자우편   chorong00002@hanmail.net

값 15,000원   ⓒ 혜문, 2015

ISBN 979-11-955321-0-0 03910